财务管理与会计内部控制探索

卫珺慧 胡跃清 孙 梅 ◎著

中国书籍出版社
China Book Press

图书在版编目（CIP）数据

财务管理与会计内部控制探索 / 卫珺慧，胡跃清，孙梅著. -- 北京：中国书籍出版社，2024.8. -- ISBN 978-7-5068-9969-7

Ⅰ.F275；F231.6

中国国家版本馆 CIP 数据核字第 2024J5V280 号

财务管理与会计内部控制探索

卫珺慧　胡跃清　孙　梅　著

图书策划	邹　浩
责任编辑	李　新
责任印制	孙马飞　马　芝
封面设计	博建时代
出版发行	中国书籍出版社
地　　址	北京市丰台区三路居路 97 号（邮编：100073）
电　　话	（010）52257143（总编室）　　（010）52257140（发行部）
电子邮箱	eo@chinabp.com.cn
经　　销	全国新华书店
印　　厂	晟德(天津)印刷有限公司
开　　本	710毫米×1000毫米　1/16
印　　张	14
字　　数	226千字
版　　次	2025 年 1 月第 1 版
印　　次	2025 年 1 月第 1 次印刷
书　　号	ISBN 978-7-5068-9969-7
定　　价	78.00元

版权所有　翻印必究

前 言

在当今复杂多变的商业环境下，财务管理与会计内部控制已成为企业稳健运营和可持续发展的基石。随着全球经济一体化进程的加速，市场竞争日益激烈，企业不仅要追求经济效益的最大化，还需面对不断变化的监管环境、技术革新以及各类外部风险的挑战。在此背景下，构建一套科学、有效的财务管理与会计内部控制体系，对于确保企业资产安全、财务报告的准确性和完整性、提升决策质量以及维护企业声誉和合规性至关重要。随着大数据、云计算、人工智能等新兴技术的应用，财务管理与会计内部控制的边界不断拓展，既带来了各种便利，也对传统的内控体系提出了新的挑战。企业需不断创新内部控制方法和技术手段，如采用ERP（企业资源计划）系统整合财务与业务流程，实施RPA（机器人流程自动化）提高工作效率，以及利用区块链技术增强数据的不可篡改性等，以适应数字化转型的趋势。

本书深入浅出地对财务管理与会计内部控制进行分析，适合财务管理与会计内部控制工作者及对此相关感兴趣的读者阅读。本书对财务管理的内容、环境、目标、原则以及基本模式做了详细的介绍，让读者对财务管理有初步的认知；对业务流程的内部会计控制、公立医院内部控制建设等内容进行了深入的分析，让读者对内部控制有进一步的了解；着重强调了税收原理及政策机制以及财务管理与会计工作创新的相关内容，让读者有更进一步的了解，希望通过本书能够给从事相关行业的读者们带来一些有益的参考和借鉴。

另外，作者在写作本书时参考了同行的许多著作和文献，在此一并向涉及的作者表示衷心的感谢。由于作者水平有限，时间仓促，书中难免存在不足之处，恳请读者批评指正。

目录

第一章 财务管理概述 … 1

第一节 财务管理的内容 … 1

第二节 财务管理的环境 … 13

第三节 财务管理目标及原则 … 21

第二章 财务管理的基本模式 … 29

第一节 财务筹资管理模式 … 29

第二节 财务投资管理模式 … 39

第三节 财务营运资金管理模式 … 46

第四节 财务利润分配管理模式 … 57

第三章 业务流程的内部会计控制 … 68

第一节 采购与付款循环的内部会计控制 … 68

第二节 存货与生产循环的内部会计控制 … 82

第三节 销售与收款循环的内部会计控制 … 93

第四章 以公立医院为例分析其内部控制建设 … 108

第一节 公立医院内部控制建设概述 … 108

第二节 公立医院单位层面内部控制建设 … 120

第三节 公立医院业务层面内部控制建设 … 131

第四节 公立医院内部控制评价与监督体系建设 … 141

第五章　税收原理及政策机制 ················ 149

第一节　税收的基本认识 ················ 149
第二节　税收原则与税收效应 ················ 162
第三节　税收制度及其构成要素 ················ 168
第四节　税收政策的相关机制 ················ 180

第六章　财务管理与会计工作的创新 ················ 186

第一节　财务管理的创新理念 ················ 186
第二节　新经济时代财务与会计工作实践创新 ················ 201

参考文献 ················ 216

第一章 财务管理概述

第一节 财务管理的内容

一、财务的认知

财务源于公有财产日渐减少、私有财产观念萌芽的出现，是伴随着商品货币的产生而产生，并随着市场经济的发展而发展的重要经济范畴。

"财务"一词英文为"finance"，也译为"金融"。财务是组织财务活动、处理财务关系的统称。企业财务是企业在再生产过程中客观存在的企业财务活动及其所体现的经济利益关系的总称。财务活动是通过资金运动体现出来的，它的基本构成要素是投入和运用着的企业资金。资金是财产物资价值的货币表现（包括货币本身）。资金要素能够反映运动者的价值，其实质是在生产过程中运动着的价值。

资金的特点有五项，分别包括：①垫支性。即预付性，资金首先表现为资本的垫支，垫支是交换并实现价值形态转化的前提，资金的垫支性赋予了对资本保值的要求。②物质性。资金以资产为价值载体，资产是企业的生产经营要素，要求资金在各种资产形态中同时存在并合理分布。③增值性。资金循环与周转的根本目的是价值增值，资本增值是资本所有权对资本使用权的根本要求。④周转性。资金必须通过运动才能增值，资金的运动过程就是资本价值形态的转换过程，这就要求必须保持资金形态的依次继起和流动性。⑤独立性。价值是资金运动的主体，资金的独立性意味着企业资金运动有一个完整的运动过程，可能会脱离企业物资运动而相对独立存在并运行。

在市场经济条件下，产品依然是使用价值和价值的统一体。企业再生产过程通常具有两重性，它既是使用价值的生产和交换过程，又是价值的形成和实现过程。在这个过程中，劳动者将生产中消耗掉的生产资料的价值转移到产品中，并创造出新的价值，通过实物商品的出售，使转移价值和新创造的价值得以实现。一切经过劳动加工创造出来的物质资源都具有一定的价值，它既包括物化劳动耗费的货币表现，又包括活劳动耗费的货币表现。

在再生产过程中，物质资源价值的货币表现就是资金，企业在从事生产经营活动的同时，客观上必然存在着资金及其运动。企业的目标就是要不断创造价值。在价值创造的过程中，存在以下两种不同性质的资金运动：

第一，以实物商品为对象的实物商品资金运动。在企业的商品资金运动过程中，现金资产转化为非现金资产，非现金资产转化为现金资产，这种周而复始的流转过程无始无终、不断循环，形成实物商品的资金运动。

第二，以金融商品为对象的金融商品运动。金融商品可狭义地理解为各种能在金融市场反复买卖，并有市场价格的有价证券。企业买卖金融商品的过程是不断进行、周而复始的，形成金融商品的资金运动。在企业的实物商品与金融商品的资金运动过程中，必然体现为一种价值运动，这种价值运动称为资金运动。

二、财务管理的认知

（一）财务管理的本质

财务管理是以现金收入和支出为主要内容的企业收支活动，其核心是成本管理和收入管理。财务管理是对企业的管理职责、财务目标、经营方针的分析与确定，同时在财务管理过程中实现其所有管理职能的活动。其主要内容贯穿在企业的全部活动中，它的实施需要全体员工积极参与并承担一定的责任。

财务按照财务活动的不同层面可以分为三大领域：①宏观层面中通过政府财政和金融市场进行的现金资源的配置。现金资源的财政配置属于财政学的范畴，现金资源的市场配置通过金融市场和金融中介来完成。②中观层面上的现金资源再配置，表现为现金资源的所有者的投资行为，属于投资学的范畴。投资学研究的是投资目的、投资工具、投资对象、投资策略等问题，投资机构为投资者提供投资分析、投资咨询、投资组合、代理投资等服务。③微观层面上的企业筹集、配置、运用现金资源开展营利性的经济活动，为企业创造价值并对创造的价值进行合理分配，形成企业的财务管理活动。

企业财务管理集中于企业如何才能创造并保持价值，以达到既定的经营目标。企业的财务管理人员从资本市场为企业筹集资金，并把这些资金投入企业决定经营的项目中，变成企业的实物资产。通过有效的生产和经营，企业获得净现金流入量，并把其中一部分作为投资回报分给股东和债权人，而另一部分留给企业用于再投资，同时企业还要完成为国家缴纳税款的义务。资金在金融市场和企业之间的转换及流动正是财务管理所起的作用。在高度不确定的市场环境中，财务管理已成为现代企业经营管理的核心，关系企业的生存和发展。财务管理人员只有把企业的筹资、投资和收益分配等决策做好，企业才能实现资产增值的最大化，才能有较强的生存和发展潜能。

否则，企业将陷入财务困境，甚至有破产的风险。

1. 企业财务活动

企业财务活动是以现金收支为主的企业资金收支活动的总称，具体表现为企业在资金的筹集、投资及利润分配活动中引起的资金流入及流出。

（1）企业筹资引起的财务活动

企业从事经营活动，必须要有资金。资金的取得是企业生存和发展的前提条件，也是资金运动和资本运作的起点。企业可以通过借款、发行股票等方式筹集资金，表现为企业的资金的流入。企业偿还借款、支付利息、股利以及支付各种筹资费用等，则表现为企业资金的流出。这些因为资金筹集而产生的资金收支，便是由企业筹资引起的财务活动。

企业需要多少资金、资金从哪儿来、以什么方式取得、资金的成本是多少、风险是否可控等一系列问题需要财务人员去解决。财务人员面对这些问题时，一方面要保证筹集的资金能满足企业经营与投资的需要；另一方面要使筹资风险在企业的掌握之中，以免企业以后由于无法偿还债务而陷入破产境地。

（2）企业投资引起的财务活动

企业筹集到资金以后，使用这些资金以获取更多的价值增值，其活动即为投资活动，相应产生的资金收支便是由企业投资引起的财务活动。

投资活动包括对内投资及对外投资。对内投资主要是使用资金以购买原材料、机器设备、人力、知识产权等资产，自行组织经济活动方式获取经济收益。对外投资是使用资金购买其他企业的股票、债券或与其他企业联营等方式获取经济收益。

在对内投资中，公司用于添置设备、厂房、无形资产等非流动资产的对内投资由于回收期较长，又称对内长期投资。对内长期投资通常形成企业的生产运营环境，是企业经营的基础。企业必须利用这些生产运营环境，进行日常生产运营，组织生产产品或提供劳务，并最终将所产产品或劳务变现方能收回投资。日常生产运营活动也是一种对内投资活动，这些投资活动主要形成了应收账款、存货等流动资产，资金回收期较短，故又被称为对内短期投资。

企业有哪些方案可以备选投资、投资的风险是否可接受、有限的资金如何尽可能有效地投放到最大报酬的项目上，是财务人员在这类财务活动中要考虑的主要问题。财务人员面对这些问题时，一方面，要注意将有限的资金尽可能加以有效地使用以提高投资效益；另一方面，要注意投资风险与投资收益之间的权衡。

（3）企业利润分配引起的财务活动

从资金的来源看，企业的资金分为权益资本和债务资本两种。企业利用这两类资金进行投资运营，实现价值增值。这个价值增值扣除债务资本的报酬，即利息之后若还有盈余，为企业利润总额。我国相关法律法规规定企业实现的利润应依法缴纳企业所得税，缴纳所得税后的利润为税后利润，又称为净利润。企业税后利润还要按照法律规定按顺序进行分配：①弥补企业以前年度亏损；②提取盈余公积；③提取公益金，用于支付职工福利设施的支出；④向企业所有者分配利润。这些活动即为利润分配引起的财务活动。

利润分配活动中尤为重要的是向企业所有者分配利润。企业需要制定合理的利润分配政策，相关政策既要考虑所有者近期利益的要求，又要考虑企业的长远发展，留下一定的利润用作扩大再生产。

2. 企业财务关系

（1）企业与其所有者之间的财务关系

企业的所有者是指向企业投入股权资本的单位或个人。企业的所有者必须要按投资合同、协议、章程等的约定履行出资义务,及时提供企业生产经营必需的资金;企业利用所有者投入的资金组织运营,实现利润后,按出资比例或合同、章程的规定,向其所有者分配利润。

(2) 企业与其受资者之间的财务关系

企业投资除了对内投资以外,还会以购买股票或直接投资的形式向其他企业投出股权资金。企业按约定履行出资义务,不直接参与被投资企业的经营管理,但是按出资比例参与被投资企业的利润及剩余财产的分配。被投资企业即为受资者,企业同其受资者之间的财务关系体现的是所有权与经营权的关系。

(3) 企业与其债务人之间的财务关系

企业经营过程中,可能会有闲置资金。为有效利用资金,企业会去购买其他企业的债券或向其他企业提供借款以获取更多利息收益。另外,在激烈的市场竞争环境下,企业会采用赊销方式促进销售,形成应收账款,这实质上相当于企业借给购货企业一笔资金。在这两种情况下,借出资金的企业为债权人,接受资金的企业即为债务人。企业将资金借出后,有权要求其债务人按约定的条件支付利息和归还本金。企业同其债务人的关系体现的是债权与债务关系。

(4) 企业与国家之间的财务关系

国家作为社会管理者,担负着维护社会正常秩序、保卫国家安全、组织和管理社会活动等任务。国家为企业生产经营活动提供公平竞争的经营环境和公共设施等条件,为此所发生的费用须由受益企业承担。企业承担这些费用的主要形式是向国家缴纳税金。依法纳税是企业必须承担的经济责任和义务,以确保国家财政收入的实现;国家秉承着"取之于民、用之于民"的原则,将所征收的税金用于社会各方面的需要。企业与税务机关之间的关系反映的是依法纳税和依法征税的义务与权利的关系。

(5) 企业内部各单位之间的财务关系

企业是一个系统,各部门之间通力合作,共同为企业创造价值。因此,各部门之间关系是否协调,直接影响企业的发展和经济效益的提高。企业目前普遍实行内部经济核算制度,划分若干责任中心、分级管理。企业为了准确核算各部门的经营业绩,合理奖惩,各部门间相互提供产品和劳务要进行内部结算,由此产生了资金内部的收付活动。

(6) 企业与员工之间的财务关系

员工是企业的第一资源，员工又得依靠企业而生存，两者相互依存。正确处理好公司与员工之间的关系，对于一个公司的发展尤为重要，也是一个公司发展壮大的不竭动力。员工为企业创造价值，企业将员工创造的价值的一部分根据员工的业绩作为报酬（包括工资薪金、各种福利费用）支付给员工。企业与员工之间的财务关系实质体现的也是在劳动成果上的分配关系。

（二）信息技术对财务管理的影响

近年来，以云计算、大数据、移动互联为代表的新技术的出现，为财务管理信息化提供了新的模式和方法。

1. 大数据技术的影响

大数据是指数据规模大，尤其是因为数据形式多样性、非结构化特征明显，导致数据存储、处理和挖掘异常困难的一类数据集。大数据需要管理的数据集规模很大，数据的增长快速，类型繁多，如文本、图像和视频等。处理包含数千万个文档、数百万张照片或者工程设计图的数据集等，如何快速访问数据成为核心挑战。

大数据是人类活动的产物，来自人们认识世界与改造世界的过程中，是生产与生活在网络空间的投影。通常将其归纳为5个"V"：Volume（数据量），Variety（多样性），Value（价值），Velocity（速度），Veracity（真实性）。

第一，数据容量巨大。Volume 代表数据量巨大，一般说来，超大规模数据是处在 GB（即 10^9）级的数据，海量数据是指 TB（即 10^{12}）级的数据，而大数据则是指 PB（即 10^{15}）级及其以上的数据。随着存储设备容量的增大，存储数据量的增多，容量的指标是动态变化的，也就是说，还会增大。

第二，数据类型多。Variety 代表数据类型繁多，由于大数据主要来自互联网，所以大数据包含多种数据类型。例如，各种声音和电影文件、图像、文档、地理定位数据、网络日志、文本字符串文件、元数据、网页、电子邮件、社交媒体供稿、表格数据等。其中，视频、图片和照片日志为非结构化数据，网页为半结构化数据。

第三，价值密度低。数据价值密度低，以视频为例，连续不间断监控过程中，可能有用的数据仅仅有一两秒，难以进行预测分析、运营智能、决策支持等计算，通常利用价值密度比来描述这一特点。随着物联网的广泛应用，信息感知无处不在，信息海量。如何通过强大的机器算法更迅速地完成数据的价值提纯，是大数据亟待解决的难题。

第四，数据传播迅速。实时数据的数据变化率很快，可以通过快速的处理数据，进而创造真正的价值。传统技术不适于大数据高速储存、管理和使用。因此，应研究新的方法。如果数据创建和聚合速度非常快，就必须使用迅速的方式来揭示其相关的模式和问题。发现问题的速度越快，就越有利于从大数据分析中获得更多的机会与结果。

第五，真实性。真实性是指数据是能标识的，而不是假冒的。不真实的数据需要清洗、集成和整合之后才可以进行分析。也就是说，采集来的大数据不能保证完全真实性，但大数据分析需要真实的数据。

随着大数据的应用，企业决策过程也逐渐从领导者决策向决策和控制协同过渡。Web等技术的应用将进一步提高企业各个层级参与财务管理活动的可行性，决策和控制过程也将从管理层决策过渡到企业内部和外部的协同决策。大数据的应用是基于云计算进行的，因此，财务管理信息化可以充分借助这一平台，实现资源的高度共享和充分利用。财务决策和分析过程将不再是孤立的决策行为，而是借助开发平台，通过科学分析获得有助于财务管理能力提升的系统决策。

2. 云计算技术的影响

（1）云计算的特点

从本质上来看，云计算是一种虚拟计算资源，能够自我维护和管理，由多个大型服务器组成，包括计算服务器、存储服务器、宽带资源等。云计算集中了各种计算资源，在特定软件上进行自我管理，不需要人为干预。用户可以随时获取所需资源，各种应用程序都可以运转，不用在意无关紧要的细节，便于用户集中精力处理业务，工作效率大大提高，同时成本也得到降低。

云计算是一种新型的计算模式，具有可扩展性、灵活自如、根据需要使用等特点，受到学界和业界的一致好评。云计算的基本特点主要有以下方面：

第一，提供自助服务，客户可以根据自身需要使用。客户不需要和提供云计算服务的开发商交流，可以直接获取相关服务器、网络存储、计算能力等资源，也可以根据自身需要将不同资源组合。

第二，网络访问方式多样化。客户可以使用多种类型的客户端在互联网上访问资源池，如手机、平板电脑、工作站点等。

第三，资源池客户不需要了解资源的具体位置，可以根据自身需要直接从资源池中获取各种计算资源，资源池也可以动态扩展，进行自我分配。

第四，速度快且弹性大。云计算提供的计算能力在分配和释放方面弹性大，如有需求也可以自动快速伸缩。换句话说，计算能力的分配通常是没有限制的，打破了时间和数量的限制。

第五，可评测的服务。根据存储、处理、活跃用户账号等方面的具体情况，云计算系统可以自动控制，使资源分配更合理，还可以为客户提供数据服务，让服务更加透明化。

第六，云计算与网格计算、全局计算以及互联网计算等多种计算模式相比，其客户界面友好。客户在使用云计算时可以遵照先前的工作习惯，保留原来的工作环境，只要安装较小的云客户端软件就可以，占用内存小，安装成本也比较低。云计算的界面和客户所在的地理位置没有直接关系，利用类似于Web服务框架和互联网浏览器等成熟的界面就可以直接访问，没有时间地点的限制，更加安全可靠，用户能够更便捷地享受云计算提供的各种资源和服务。

第七，根据需要配置服务资源。云计算提供的资源和服务完全根据客户自身的需求或购买权限配置，客户在选择计算环境时可以结合自身的具体情况，而且享有管理特权。

第八，能够保证服务质量。云计算为客户提供的计算环境质量都有保证，客户完全不需要担心质量问题，底层基础设施建设和维护等方面都安全可靠。

第九，拥有独立系统。云计算这一系统完全独立，管理模式也是透明化的。云计算的软件、硬件和数据可以实现自动化配置和强化，客户看到的也是单一的平台。

第十，具有可扩展性和极大的弹性。这是云计算最重要的特征，也是将云计算和其他计算区分开来的本质特征。云计算服务可以向多方面扩展，如地理位置、硬件功能、软件配置等。而且云计算具有极大的弹性，能够满足客户多样化的需求。

（2）云计算与财务管理

财务管理信息化的进程本身就有较强的个性化需求和较大的灵活性，云计算模式的出现，为财务管理信息化资源整合和集约化应用提供了新的选择。云计算可以帮助企业以较低成本构建财务管理信息化平台，并灵活便捷地获取支持财务管理活动的各项资源。

3. 互联网技术的影响

（1）互联网的特点

互联网中，网的意义不仅在于简单的网络连接，而更重要的是交互，以及通过互动衍生出来的种种可持续发展的特性，从而最有效地提高生产效率和资源利用率，使人类发展水平得到提升。互联网所构建的是一个能实现人与物、物与物的信息交换和共享的网络信息系统，其重要基础就是互联网。整个信息系统的运行都是在互联网的运行下所开展的，可以说，互联网是互联网接入方式和端系统的延伸，也是互联网服务的拓展。

互联网有效整合了物质世界和信息世界。通常，人们将互联网理解为一个动态的全球信息基础设施，其实质在于，将世界上的人、物、网和社会融合为一个有机的整体，在互联网的基础上，使世界上人类的生活活动、生产活动、经济运作、社会活动更加智能化地运行。

计算机网络具有较强的数据通信能力，成本低、效益高，易于分布处理，系统灵活性、高适应性强。各计算机既相互联系，又相互独立。由于计算机网络的类型很多，因此其特性也有很多，基本特性如下：

第一，连通的任意性。连通的任意性指计算机网络中的任意两个用户之间都可以互通信息，这不仅是计算机网络必须满足的基本特性，也是对计算机网络的基本要求。

第二，信息的透明性。信息的透明性是指计算机网络不应对进行信息传输的用户有太多的要求，其信息不管是音频信息、视频信息等都可以进行传输。一个理想的计算机网络，应使用户的任何形式的信息都能在网络中传递。当然，这种要求不是指不合法的要求或心存恶意的要求。目前，透明性是指对用户提尽可能少的要求、限制，从而发挥计算机网络的最大效用。

第三，网络服务的可靠性。可靠性是从概率上说的，是指平均故障间隔时间或平均运行率是否达到要求。计算机网络系统摆脱了中心计算机控制结构数据传输的局限性，并且信息传递迅速，系统实时性强。网络系统中相连的计算机能够相互传送数据信息，使相距很远的用户之间能够即时、快速高效、直接地交换数据。

第四，灵活性好。灵活性是指当一个网络建成后，也允许新用户或新业务顺利入网。如果一个网络建成后，不允许新用户或新业务进网，也不能与其他网络互联，这样的网络是不合要求的。

第五，服务种类多样化。在计算机网络中，双方既可以进行文字的交流，也可以交换和共享数据信息；既可以进行真诚的语音交流，也可以进行富有感情色彩的多媒体信息交流。网络向高性能发展，追求高速、高可靠和高安全性，采用多媒体技术、提供文本、声音、图像等综合性服务。总之，现代通信网提供了丰富多彩、灵活多样的信息服务。

（2）互联技术对财务管理应用的扩展

第一，移动互联技术将进一步改变财务管理的组织结构和流程，企业组织结构将进一步扁平化，控制层级减少，控制幅度加大。

第二，移动互联技术的应用将进一步打破财务管理活动的边界，决策的复杂度进一步提高，对决策的时效性要求显著提升，实时控制将成为可能。

第三，移动互联技术可以帮助企业构建决策和控制一体化的财务管理流程，实现决策过程向控制过程的嵌入，并借助物联网技术实现智能化的过程控制。

三、财务管理的内容分析

（一）资金筹集管理

资金筹集是指融通资金，需要解决的问题是如何取得企业所需要的资金。资金筹集管理的目标是从厘清和权衡不同筹资渠道的权益关系入手，采取适当的筹资方式进行科学的筹资决策，以尽可能低的资金成本和财务风险来筹集企业所需要的资金。

企业可选择银行借款、发行债券、发行股票、融资租赁、利用商业信用等若干方式融通资金。通过这些融资方式筹集的资金按照不同的权益关系可以分为权益性质的资金和负债性质的资金，以及按照资金的周转期间长短不同可分为长期资金和短期资金两种。一般而言，企业不能完全通过权益资金实现筹资，因为权益筹资方式资金成本较高，易分散公司的经营管理权，并且不能享受到财务杠杆的利益。但负债比例也不能过高，因为负债比重过高则导致较大的财务风险，如超出了企业能够承受的限度，随时可能引发财务危机。筹资管理要解决的另一个问题是如何安排长期资金和短期资金的比例。长期资金与短期资金的筹资速度、资金成本、筹资风险及使用资金所受的限制是不同的。

企业筹资管理的主要内容是筹资规模的确定和最优资金结构的运筹。由于筹资与投资、收益分配有密切的联系，筹资的规模大小要充分考虑投资的计划和股利分配政策。因此，筹资决策的关键在于追求筹资风险和筹资成本相匹配的情况下，实现最优的资金结构。

（二）资金投放管理

资金投放简称投资，是指运用资金，所要解决的问题是如何将企业收回的资金和筹集的资金投放出去，才能取得更多的收益。企业资金投放管理的目标是以投资风险——收益对等原则为支撑，正确选择投资方向和投资项目，合理配置资金，优化资产结构和有效运用资产，以获得最大投资收益。

企业可以将资金投放于购买设备、兴建厂房、购买材料、开发新产品及开办商店等，也可以将资金投放于购买企业股票和债券及购买政府公债等。企业的投资决策按不同的标准可以分为对内投资和对外投资及长期投资和短期投资。

对内投资是指直接把资金投放于企业的生产经营性资产，以便创造利润的投资，这一般称为项目投资；对外投资是指把资金投放于金融性资产，以便获得股利和利息收入的投资，又称为证券投资。这两种投资决策所使用的方法是不同的，项目投资决策一般事先拟定一个或几个备选方案，通过对这些方案的分析评价，从中选择一个足够满意的行动方案；而证券投资只能通过证券分析和评价，从证券市场中选择企业需要的股票和债券，并组成投资组合，目的在于分散风险的同时获得较高的收益。长期投资和短期投资所使用的决策方法也有区别。由于长期投资涉及的时间长、风险大，决策分析时更重视资金时间价值和投资风险价值。

企业投资管理的主要内容是流动资产投资管理、固定资产投资管理、无形资产投资管理、对外投资管理和资产结构优化管理。

（三）收益分配管理

收益分配管理是指在公司赚得的利润中，有多少作为股利发放给股东，有多少留在企业作为股东的再投资。收益分配管理的目标是有效处理与落实企业与国家、投资者、债权人及企业职工之间的经济利益关系，执行恰当的股利分配政策，合理进行收益分配。

企业在进行收益分配时，确定适当的股利分配政策至关重要。过高的股利支付率，影响企业再投资的能力，会使未来收益减少，造成股价下跌；过低的股利支付率可能引起股东不满，股价也会下跌。股利政策的制定受多种因素的影响，包括税法对股利和资本利得的不同处理，未来公司的投资机会、各种资金来源及其成本、股东对当期收入和未来收入的相对偏好等。每个企业根据自己的具体情况确定最佳的股利政策，这是财务决策的一项重要内容。

股利分配决策，从另一个角度看，也是保留盈余的决策，是企业内部筹资问题。因此，收益分配管理与筹资管理有着密切的关系，并非一项独立的财务管理内容。

（四）财务分析和财务计划

财务分析是指通过分析企业的财务报表进行考核企业的经营绩效和财务状况。一般采用与同行业平均水平相比和考察本企业历年财务报表的变化趋势等方式，向股东和债权人等报告企业的盈利能力、偿债能力、营运能力和发展能力，使与企业利益有关的各方对企业的现状和将来的发展有一定的估计，以便进一步判断企业股票价值的发展趋势；同时也要考核企业经营者的业绩，以便决定如何对经营者进行奖惩。

财务计划是通过编制企业的财务预算，制定可预知的资金需求量、利润水平及资金筹措与运用的方向和数量，以此作为将来企业财务活动的具体依据。

第二节　财务管理的环境

一、财务管理的内部环境

随着市场经济的快速发展，企业面临的财务环境越来越复杂，而财务环境状况的好坏直接影响着企业的各项日常财务活动的开展，影响着企业的资金运动，并进而影响着企业生产经营活动的顺利进行。企业的内部环境，是指存在于企业内部的影响企业财务管理活动的条件和因素，一般属于微观财务环境。对于大部分企业来说，其所处的外部财务环境可能是相同的，但每个企业的内部财务管理环境却是千差万别、各不相同的。不同治理结构、不同组织形式和不同规模的企业具有不同的内部财务管理环境。企业应根据自身的内部环境特点，分别采取不同的管理措施，以实现企业财务管理效果最优化。

（一）治理结构

公司治理是一整套法律、文化和制度性安排，用来协调企业与利益相关者之间的利益关系，以保证公司决策的科学性、有效性，从而最终维护公司各方面的利益。由于世界各国在社会传统、政策法律体系、政治体制与经济制度等方面存在差异，因而演化出多样化的融资制度、资本结构与要素市场，从而形成了不同的公司治理结构。不同治理结构对财务管理的实施也具有不同的影响。

1. 外部监控型

外部监控型治理结构，也称市场导向型公司治理模式，即公司治理主要受外部市场的影响。这种公司治理模式以高度分散的股权结构、高流通性的资本市场和活跃的公司控制权市场为存在基础和基本特征。

由于股权特征具有高度分散性，委托人和代理人的信息不对称程度扩大，因此，在经理人的监督和激励问题上主要采用与股东利益相结合的方式，如股票期权、股票赠予等。虽然股东大会和董事会的投票能够影响财务决策，但是经理人更能直接有力地影响这种决策，并且更倾向于作出高风险的投资决策。

2. 内部监控型

内部监控型治理结构，又称网络导向型治理模式，即公司治理主要受股东（法人股东）和内部经理人员流动的影响。这种公司治理模式以相对集中的股权和主银行实质性参与公司监控为存在基础和基本特征。在这种模式下，股东和主银行在公司的财务决策中发挥显著的作用，能够限制经理人的高风险投资决策偏好。

3. 家族监控型

家族监控型治理结构，指公司所有权与经营权没有实现分离，公司与家族合一，公司的主控制权在家族成员中进行配置的一种治理模式。所有权与经营权合一是家族企业和家族监控型治理结构存在的基础和基本特征。这种模式主要由家族领导者做出公司的财务决策，具有高效性，但是专业化程度不足，公司的内部控制体系也需要完善，并且融资规模会受到限制。

4. 转轨经济型

转轨经济型治理结构主要存在于俄罗斯、中欧国家以及中国这些转轨经济国家。它们的共同特点是有大量规模较大、急需重组的国有企业，且法律体系较为混乱。在这些转轨经济国家中，公司财务中的最大问题是内部人控制。经理层利用经济体制转型期间的真空对企业实行强有力的控制，在某种程度上成为实际的企业所有者。即使有形式上的内部控制机制来保护投资者利益，公司的财务决策也主要由实际控制人决定。

（二）组织结构

组织结构，是关于组织成员或团队任务不同角色的正规说明，为组织活动提供计划、执行、控制和监督职能的整体框架。其关键要素组成包括必要的工作活动、报告关系，以及部门组合。组织结构会影响信息流的传递、工作的动机以及工作的有效性，从而影响财务活动。

企业应在仔细分析自身特点的基础上，寻找一种合适的组织结构，以促进形成企业内部良好的理财环境。这样才有利于各职能部门相辅相成地开展工作，有利于企业经营管理和理财决策的实施。常用的组织结构分类方式包括：直线职能式组织结构、事业部制组织结构和矩阵式组织结构。

1. 直线职能式组织结构

直线职能式组织结构的纵向控制大于横向协调，正式的权力和影响一般主要来自职能部门的高层管理者。这种组织结构的优点是管理指令系统明确，每个员工都有其既定的汇报路线；缺点是管理层级过多，容易导致财务管理的灵活性和有机性差，与外界环境的关系僵化，与其他部门之间的横向协调和沟通缺乏效率。因此，这种组织结构适用于小型或中型规模组织以及只有少数产品线的大规模组织。

2. 事业部制组织结构

在事业部制组织结构中，各业务环节以产品、地区或客户为中心重新组合，每个事业部都有独立的生产、研发、销售等职能，强调了组织中的跨职能协调。这种组织结构的优缺点如下：优点是责任明确、沟通环节清晰，每个事业部都享有一定的决策权，工作积极性和创造性高，财务管理活动对外部有效性和适应性强，能够迅速对外部不稳定、高度变化的环境做出反应，调节财务活动；缺点是职能部门之间失去规模经济效益，生产线之间缺乏协调，容易导致各事业部的目标与集团总体目标不一致，会在一定程度上影响企业整体财务管理目标的实现效率。因此，这种组织结构对大规模和产品较多的组织来讲管理效果更好。

3. 矩阵式组织结构

矩阵式组织结构吸收了直线职能式结构和事业部制组织结构的优点，既保留了事业部制组织结构中的责任追踪，又拥有直线职能式组织结构的专业优势。矩阵式组织结构的缺点是容易造成命令混乱、权责模糊或权责不对等的情况，在职能经理和项目经理之间容易产生冲突,出现多头领导问题。

在这种组织机构下,制订经营计划、监管执行情况和设计考核办法等都相对简单清晰。只要以产品为主线,以产品事业部为对象,将销量、利润、费用、渠道建设等主要的经营指标分解下达给各事业部,使权责利相连,就能实现公司的总体财务管理目标。

(三) 内部规章制度

企业内部有各种各样的规章制度,对企业经营管理活动进行规范和指引。这些规章制度体系的建设和实施在某种程度上体现了企业的内部管理水平。如果企业内部具有完备、健全的管理制度并且能得到严格执行,就意味着企业的财务管理具有较好的基础,企业财务管理工作具有较高的起点。这样,企业更加容易走上规范化的轨道并带来理想的财务管理效果。若企业内部规章制度不健全,或者有制度但没有严格执行,就必然给企业财务管理工作带来困难。

1. 内部规章制度体系的建设

内部的规章制度体系,通常围绕着企业的六项经营活动(技术、商业、业务、安全、会计和管理)进行建设,主要包括行政管理制度、人事管理制度、生产技术管理制度、质量检验制度、企业经济合同管理制度、产品供应管理办法、销售管理制度、安全生产管理制度、审计工作制度、内部控制制度、公司薪酬制度、预算管理制度等。完善、适度、规范的内部规章制度体系,可以使财务决策有章可循,提高财务活动效率,但是过于繁多的规章制度体系则会变成繁文缛节,会产生相反的效果。

2. 内部规章制度体系的执行力

内部规章制度是否能够提高财务活动效率,除由规章制度体系本身是否完善、适度、规范决定以外,还取决于规章制度的执行是否有效。例如,大多数较大规模的企业都制定了全面预算的管理制度,但若不能从上至下、全员参与到其中,或者即使参与制定预算但不按照一定的标准和制度执行,这些制度也只是形同虚设。

除了以上要点,企业内部财务环境还包括企业的生产经营规模、企业文化和企业自身筹资、投资和经营的能力，以及企业财务管理部门的整体水平。因此，企业财务管理部门和人员应该充分认识到自身在企业经营中的重要地位，积极探索适合本企业的管理模式和思路，随时根据市场动向做出灵活反应，强化内部管理水平，降低各种消耗，积极主动地来促进企业微观财务环境的优化。

二、财务管理的外部环境

企业的外部环境，是指企业外部影响财务活动的各种因素，有的属于宏观财务环境，如国家的经济环境、法律环境和文化环境；有的属于微观财务环境，如产品销售市场、原材料供应市场等。以下重点探讨宏观环境的外部环境内容及其对企业财务管理的影响。

（一）经济环境

财务管理的经济环境，是影响财务管理的一切经济因素的总和，一般包括经济管理体制、经济发展水平、经济周期、经济政策、通货膨胀和市场的完善有效性等。

1. 经济管理体制

经济管理体制是国家的基本经济制度，是在一定的社会制度下，经济关系的具体形式以及组织、管理和调节国民经济的体系、制度、方式、方法的总称。目前，世界上典型的经济管理体制有计划经济管理体制和市场经济管理体制两种类型。

市场经济管理体制的基本特征是：政府宏观管理与调控不再是配置资源的前提，配置资源的主体是市场，企业成为"自主经营、自负盈亏"的经济实体，有独立的经营权，同时也有独立的财权。企业可以根据自身发展的需要，确定合理的资本需求，然后选择合适的方式筹集资本，再把筹集到的资本投放到效益高的项目上，最后将收益根据需求进行分配，保证企业自始至终根据自身条件和外部环境变化作出财务决策。

市场经济管理体制对企业财务管理工作的影响主要体现在：要求企业面向市场进行财务管理活动，而不是接受政府的行政命令；要求企业将利润最大化或企业价值最大化作为财务管理的目标，而不是完成国家下达的指标；企业自主进行筹资、投资和利润分配决策，国家不直接参与；企业主要通过市场进行预测和决策，而不是按照行政命令下达的财务计划进行财务管理；财务管理成为独立于企业生产经营的管理活动，企业财务部门可以独立完成筹资、投资和分配等活动。

2. 经济发展水平

不同国家的经济发展水平是不同的，市场的成熟度也存在差距。这些都会影响企业的财务管理活动。通常将处于不同经济发展阶段的国家分为发达国家、发展中国家和不发达国家三个群体。

发达国家的市场机制已比较成熟，在市场经济环境下已经积累了丰富的理论和实践经验，因此财务管理理论水平较高，管理活动创新能力很强，财务管理的方法和手段也非常科学、严密；发展中国家的现代商品经济相对起步较迟，市场经济发展水平不高，但发展中国家企业财务管理的内容和方法手段能够在学习发达国家先进理论的基础上快速更新，同时受政策影响显著，出现不是很稳定的特征；不发达国家经济发展水平低，企业经济活动内容简单，企业规模小，因而，无论在财务管理的内容、方法还是手段上都落后于发达国家和发展中国家。

3. 经济周期

经济周期是指在整个国民经济活动中所出现的由扩张到收缩的循环往复。这种循环往复呈现周期性波动特征，主要包括经济复苏阶段、经济繁荣阶段、经济衰退阶段和经济萧条阶段。这种起伏更替的周期波动直接影响几乎所有的产业和企业。

在经济周期的不同阶段，企业的规模、销售能力、获利能力以及相关的资本需求都会表现为不同的特征，对企业的财务策略会产生不同的影响，因而会影响财务管理的手段、方法。

4. 经济政策

经济政策是国家进行宏观经济调控的重要手段。国家根据不同时期社会经济发展的战略要求制定出不同的经济政策，包括产业发展和升级政策、经济结构调整政策、区域经济发展政策、金融政策和财税政策等，构成了现代企业重要的财务管理环境，对企业的筹资、投资和收益分配活动都会产生重要影响。

例如，具有优惠性的财税政策会影响企业的资本结构和投资项目的选择，产业政策和经济结构调整政策会影响资本的投向、投资回收期及预期收益。经济政策会随经济状况的变化而调整。如果企业能够及时地预测某项经济政策，把握住投资机遇，就能享受国家的优惠条件，从而得到巨大的收益。

5. 通货膨胀

通货膨胀是影响企业财务管理的重要因素，因为它直接对企业的现金流量和管理策略产生重大影响。通货膨胀不仅对消费者不利，对企业财务活动的影响更为严重。

(1) 企业资金需求不断膨胀

因为物价上涨，同等数量的存货会占用更多的资金；企业为减少原材料涨价所受损失往往提前进货，超额储备，资金需要量增加；资金供求矛盾尖锐，企业间相互拖欠货款的现象严重，应收账款增加，资金流动质量变差；通货膨胀时，按历史成本原则核算，会造成成本虚低，利润虚增，而可用资金不足，企业想要维持正常生产，就需要增加资金。

(2) 资金供给持续性短缺

因为政府为控制通货膨胀，紧缩银根，减少了货币资金供应量；物价上涨，引起利息率上涨，使股票、债券价格暴跌，增加了企业在资本市场筹资的难度。

(3) 货币性资金不断贬值

有价证券价格的不断下降使企业倾向于具有保值性的实物性资产的投资。

企业应当采取适当措施防范通货膨胀给企业造成的不利影响。在通货膨胀初期，货币面临着贬值的风险。企业可以加大投资，避免风险，实现资本保值；与客户签订长期购货合同，减少物价上涨造成的损失；借入长期负债，保持资本成本的相对稳定。在通货膨胀持续期，企业应采用偏紧的信用政策，减少企业债权或调整财务政策，防止和减少企业资本流失，等等。

6. 市场的完善有效性

企业依赖市场而存在和发展，市场环境影响企业的财务活动。从企业所处的市场环境竞争态势来看，市场类型可以划分为完全竞争市场、不完全竞争市场、寡头垄断市场和完全垄断市场。

对于计划在证券市场上融资和投资的企业而言，证券市场的效率对财务决策也具有重要的影响。从证券市场上股票价格与相关信息的角度来看，证券市场可以划分为强式有效市场、半强式有效市场和弱式有效市场。

(1) 强式有效市场

这种类型的证券市场是指证券价格完全反映了所有与价格变化有关的信息，包括历史信息、公开信息和内部信息。在这种市场上，证券价格取决于其实际价值，因而，即使个别投资者在偶尔几次投资活动中获得超常利润，也不可能长期稳定地保持这种收益，总的投资结果将只能获得平均利润，靠造假手段无法真正影响证券价格。

(2) 半强式有效市场

这种市场的效率程度要低于强式有效市场，但是公开发表的信息越迅速、越完整地被投资者获知，证券市场将会越有效率，但将会反过来减少投资者赚取超额利润的机会。

(3) 弱式有效市场

这种类型的证券市场是指证券价格反映了所有过去证券价格变动的资料和信息，但却不能及时、有效、全面地反映所有公开信息，更不能反映内部信息。这种市场的效率程度比半强式有效市场还要低，证券价格的未来走向与其历史变化没有任何必然联系，证券价格的历史数据不能用来预测未来价格的变化情况。因此，投资者无法用过去的信息来判断目前的证券价格是否合理。

(二) 文化环境

财务管理的文化环境，是指对财务活动的形成和发展具有制约和影响作用的各种文化因素的总和，包括思想观念、价值取向、思维方式、行为准则以及语言文字、风俗习惯等。在不同的社会或地区，不同文化因素组成的文化环境会表现出明显的差异。

可将文化分为专业文化和社会文化两类。"专业文化"是指特定的专业群体为其专业目标的实现而共同遵守的社会主义核心价值观和共同的价值取向，充分体现专业群体成员共同的追求与理念，是对专业中个体行为形成内在和外在的指导与规范。"社会文化"是指在相应社会系统、社会关系中获得社会属性、具有社会功能的文化现象、文化客体。这种文化几乎存在于每一个社会环节中，如价值观念、道德水平等。

1. 专业文化

财务管理作为一门独立的学科产生于19世纪末，但其理论是在20世纪50年代以后才取得巨大进展。这主要是由于数学和计算机等专门技术在财务管理领域的广泛应用，如资本资产定价模型、期权定价模型和套利定价理论等都依托于数学的推导方法。财务管理从以定性管理方法为主逐步发展为定性与定量管理方法并重，主要得益于效用理论、线性规划、概率分布和模拟技术等数量方法在财务管理研究中的应用，例如在财务风险的控制和财务决策中，理财的数量化方法占有很高的地位。21世纪以来，随着计算机技术和网络技术的迅猛发展和广泛应用，财务管理在手段上完成了从手工到信息化的飞跃，理财效率迅速提高，扩大了信息处理和传递范围，为及时、准确、充分地处理和传递各种信息提供了可能，形成了网络化的财务管理信息系统。基于这种平台与技术，一些远程的管理、控制及跨国财务活动已成为现实。

2. 社会文化

社会文化的内容十分广泛，包括教育、科学、艺术、舆论、新闻出版、广播电视、卫生体育、世界观、理想以及同社会制度相适应的权利义务观念、组织纪律观念、价值观念等。

第三节　财务管理目标及原则

一、财务管理的目标

财务管理的目标，是财务管理研究的一项重要内容，是企业在特定的内外部环境中，通过有效地组织各项财务活动，正确处理好财务关系所要达到的最终目标。一般而言，企业财务管理就是为实现企业创造财富或价值这一目标服务。

（一）财务管理的总体目标

1. 利润最大化

利润是企业经济效益的一个考量尺度，是企业在一定期间内取得的收入扣除成本后的差额。追求利润最大化是企业生产经营的出发点和落脚点。

利润最大化的主要优点包括：企业追求利润最大化，就必须讲求经济核算，加强管理，改进技术，提高劳动生产率，降低产品成本。这些措施都有利于企业合理配置资源，有利于提高企业的整体经济效益。

以利润最大化作为财务管理目标的风险主要包括：①没有考虑利润的实现时间和资金时间价值；②没有考虑风险问题，不同行业具有不同的风险，同等利润值在不同行业中意义也不相同，如果盲目追求利润最大化，会导致资本规模的无限扩张，会给企业带来更大的财务风险；③利润是个绝对指标，没有反映创造的利润和投入资本之间的关系；④片面追求利润最大化，可能会导致企业的短期行为，影响企业长远可持续发展。

2. 股东财富最大化

股东财富最大化是企业财务管理以实现股东财富最大化为目标。对上市公司而言，股东财富是由股东所拥有的股票数量和股票市场价格决定的。当股票数量一定时，股票市场价格是决定股东财富的最重要因素，此时如果股票价格达到最高，股东财富就最大。

与利润最大化相比较，股东财富最大化的主要优点包括：①考虑了风险，因为通常股价会对风险做出较敏感的反应；②在一定程度上能规避企业的短期行为，因为不管是目前的利润，还是预期未来的利润，都会影响到股价；③对上市公司而言，股东财富最大化比较容易量化，便于考核和奖惩。

以股东财富最大化作为财务管理目标存在的风险主要包括：①通常只适用于上市公司，难以应用于非上市公司，因为非上市公司无法像上市公司一样随时准确获得公司股价；②股价受较多因素的影响，有些甚至不能完全准确反映企业的经营业绩，如资本市场的投机行为、人为操纵行为、企业的财务舞弊行为等，因此难以准确反映股东的真实财富;③股东财富最大化更多强调的是股东的利益,而不够重视其他相关者的利益。

3. 企业价值最大化

企业价值最大化是指企业财务管理行为以实现企业价值最大化为目标。企业价值可以理解为企业所有者权益和债权人权益的市场价值,或者企业所能创造的预计未来现金流量的现值。未来现金流量考虑了资金的时间价值和风险价值两个因素,其现值是以资金时间价值为基础对现金流量进行折现计算出来的。

以企业价值最大化作为财务管理目标,主要优点包括:①考虑了取得报酬的时间,并用资金时间价值的原理进行了计量;②在评估企业价值时,考虑了风险与报酬的关系;③把企业长期、稳定的发展和持续的获利能力放在首位,可以克服企业在追求利润上的短期行为;④用价值代替价格,克服了一些外在因素的干扰。

以企业价值最大化作为财务管理目标也存在一定风险,主要包括:①以企业价值最大化作为财务管理目标过于理论化,不易操作;②对非上市公司来说,只有对企业进行专门的评估才能确定其价值,而在评估企业价值时,由于会受到评估标准和评估方式的影响,很难做到客观准确。

4. 相关者利益最大化

现代企业是多边契约关系的总和,企业的理财主体更加细化和多元化,企业在确定财务管理目标时,应综合考虑股东、债权人、职工、供应商、客户等相关者的利益。股东作为企业的所有者,在企业中拥有最高权力的同时,还承担着最大的风险,同时政府、债务人、职工、客户等也承担着一定的风险。因此,在确定财务管理目标时,不能仅强调股东的利益,而忽略了其他相关者的利益。

以相关者利益最大化为财务管理目标的主要优点包括:①考虑并满足了各相关利益者的利益,避免只考虑股东的利益,有利于企业的长期稳定发展;②兼顾了企业、股东、政府、客户相关者的利益,体现了合作共赢的价值理念,有利于实现企业经济效益和社会效益的统一;③这一目标是一个多元化、多层次的目标体系,兼顾了各利益主体的利益,可使各利益主体相互作用、相互协调,并在使企业利益、股东利益达到最大化的同时,也使其他相关者的利益达到最大化。但是，相关者利益最大化的目标过于理想化，在目前的社会环境条件下难以操作。

企业是市场经济的主要参与者，企业的创立和发展都离不开股东的投入，离开了股东的投入，企业就不复存在；并且，在企业生产运营过程中，股东作为所有者承担着较大的风险和义务，相应也需享受较高的报酬。因此，利润最大化、股东财富最大化、企业价值最大化和相关者利益最大化的目标，都是以股东财富最大化目标为基础的。

当然，以股东财富最大化目标为基础，还应考虑各利益相关者的利益。股东权益就是剩余权益，企业在向国家缴纳税款、向职工发放工资福利、给用户提供满意的产品和服务后，才会获得税后收益，因此其他相关利益者的利益要先于股东被满足。

（二）财务管理的具体目标

财务管理的具体目标，是为实现财务管理总体目标而确定的企业各项具体财务活动所要达到的目标。

1. 筹资活动管理的具体目标

企业为了保证正常的生产经营或扩大再生产，必须要有一定的资金。企业可以从多种渠道筹集所需资金，如发行股票、银行借款、发行债券等，不同的筹资方式，其筹资成本和筹资风险不尽相同。筹资管理的目标有以下两个：

第一，以较小的资本成本，筹集较多的资金。企业的筹资成本包括利息、股利等向出资人支付的报酬和筹资过程中的各种筹资费用。

第二，以较低的筹资风险，筹集较多的资金。企业的筹资风险主要是到期不能偿还债务的风险。

总的来说，筹资管理的具体目标是以较小的资本成本和较低的筹资风险，筹集较多的资金。

2. 投资活动管理的具体目标

要在投资活动中贯彻财务管理总体目标的要求：①必须使投资收益最大化，投资收益是与企业的投资额相联系的，企业投资报酬越多，说明企业的获利能力越强，从而可以提升企业价值；②投资存在着一定的风险，企业在尽可能获得较高收益时,还必须降低投资风险。

总的来说,企业投资管理的具体目标是认真进行投资项目的可行性分析,力求提高投资报酬,降低投资风险。

3. 经营活动管理的具体目标

企业经营活动管理作为财务管理的主要内容,如何保障经营活动的顺利开展,减少经营活动中资金的占用,提高资金的使用效率是一个非常重要的问题。

总的来说,营运资金管理的具体目标是在满足企业生产经营活动的情况下,合理使用资金,加速资金周转,不断提高资金的使用效果。

4. 利润与分配活动管理的具体目标

利润与分配活动管理是将企业取得的利润在企业与投资者、职工、政府等相关利益者之间进行分割,这种分割涉及利益相关者的经济利益,而且涉及企业现金的流出,会影响企业与相关利益者的关系和企业财务的稳定性。因此,企业应该从全局出发,正确处理好企业与各利益相关者的关系,选择合适的分配方式。

总的来说,收益与分配管理的具体目标是采取各种措施,努力提高企业利润水平,合理分配企业利润。

(三) 财务管理目标相关的冲突

企业众多的利益相关者的利益不可能完全一致,企业的财务目标不可能让所有的利益相关者绝对满意,从而使得某些利益相关者之间产生一定的利益冲突。这些利益冲突是否能被有效协调直接关系到财务目标的实现程度。若想有效协调这些利益冲突,则必须了解这些利益冲突及产生的根源。

1. 股东与管理层的利益冲突

并不是所有的股东都懂经营,而资本只有运动起来才可能增值,现代公司制企业强调企业所有权与经营权分离,为那些不懂经营却想为自己掌握的资本寻找增值机会的人以及懂经营却没有资本的人(职业经理人)提供了一个合作的契机,实现资源、人力的最优化配置。股东聘用职业经理人来帮他们管理企业,这些职业经理人被称为管理层。管理层追求个人收入最大化,社会地位、声誉的提高,权力的扩大及舒适的工作条件;股东则追求公司利润和股东权益最大化。

由于信息的不对称,当管理层期望的回报得不到满足时,则有可能会通过消极怠工、在职消费、利用企业资源谋取私利等手段寻求心理平衡,最终股东的利益亦将受到伤害,由此便产生了股东与管理层之间的利益冲突。

2. 大股东与中小股东的利益冲突

企业的股东众多,若每个股东都希望自己的意愿在企业得以实现,则企业的运作秩序将会陷于紊乱。因此,股东们需要遵循一定的股东会表决制度将意愿合法地表达出来。当前,股东会有"资本多数决"及"多重表决"两种制度。资本多数决制度是指在股东大会上或者股东会上,股东按照其所持股份或者出资比例对企业重大事项行使表决权,经代表多数表决权的股东通过,方能形成决议。此种情况下,企业股本结构按同股同权的原则设计,股东持有的股份越多,出资比例越大,所享有的表决权就越大。多重表决制度是指一股享有多个表决权的股份,其是建立在双重股权结构基础之上的。

双重股权结构是指上市公司股本可以同股不同权,通常是一般股东一股一票,但公司少数高管可以一股数票。在实行资本多数决制度的企业,大股东在股东大会上对企业的重大决策及在选举董事时实质上都拥有绝对的控制权。若大股东控制并积极行使控制权来管理企业,中小股东可以用相对较低的成本获取收益,得到"搭便车"的好处;但是若大股东利用其垄断性的控制地位做出对自己有利而有损于中小股东利益的行为,则大股东与中小股东之间即产生利益冲突。

3. 股东与债权人的利益冲突

企业的资金来源于股东投入的股权性质资金及债权人投入的债务性质的资金。当企业盈利时,股东权益增加,债权人的本金及利息偿付将会得到有力的保障;当企业亏损时,股东权益减少,但只要没有出现资不抵债的情况,债权人的利益仍是有保障的,其本金及利息仍将被全额偿付;当股东权益不断减少甚至接近于零时,债权人的本金及利息将不会得到完全的清偿。

相比而言,企业股东的风险比企业债权人的风险偏高。有时股东会不考虑债权人的利益,投资于一些比债权人期望风险更高的项目,若成功,由于财务杠杆的作用,收益归股东所有,债权人不会得到额外收益;若失败导致股东权益为负时，债权人却将遭受损失。对债权人来说，这时的风险与报酬是不对等的。债权人为保护其利益不受损害，通常会与企业签订一些限制性的条款。但这些限制性条款又可能会影响股东获得更高收益，从而形成股东与债权人之间的利益冲突。

二、财务管理的原则

财务管理原则，也称理财原则，是企业进行财务管理所应遵循的指导性的理念或标准，是人们对财务活动的共同的、理性的认识，它是联系理论与实务的纽带，是为实践所证明了的并且为多数理财人员所接受的理财行为准则，它是财务理论和财务决策的基础。

（一）财务管理的系统原则

财务管理从资金筹集开始，到资金收回为止，经历了资金筹集、资金投放、资金收回与资金分配等几个阶段，这几个阶段互相联系、互相作用，组成一个整体，具有系统的性质。为此，做好财务管理工作，必须从财务管理系统的内部和外部联系出发，从各组成部分的协调和统一出发，这就是财务管理的系统原则。在财务管理中应用系统原则，中心是在管理中体现系统的基本特征。

第一，系统具有整体性。只有整体最优的系统才是最优系统，各财务管理系统必须围绕整个企业理财目标进行。

第二，系统具有层次性。在企业资源配置方面，应注意结构比例优化，从而保证整体优化。

第三，系统具有环境适应性。在理财环境中必须保持适当的弹性，以适应环境的变化。

系统原则是财务管理的一项基本原则，在财务管理实践中，分级分口管理、目标利润管理、投资项目的可行性分析都是根据这一原则来进行的。

（二）财务管理的平衡原则

在财务管理中，要力求使资金的收支在数量上和时间上达到动态的协调平衡，这就是财务管理的平衡原则。资金收支动态的平衡公式为：预计现金余额＝

目前现金余额+预计现金收入-预计现金支出。如果预计的现金余额远远低于理想的现金余额,则应积极筹措资金,以弥补现金的不足;如果预计的现金余额远远大于理想的现金余额,应积极组织还款或进行投资,以保持资金收支上的动态平衡,实现收支相抵,略有结余。

平衡原则也是财务管理的一项基本原则,财务管理的过程就是追求平衡的过程。在财务管理实践中,现金的收支计划、企业证券投资决策、企业筹资数量决策,都必须在这一原则指导下进行。

(三) 财务管理的比例与优化原则

1. 财务管理的比例原则

财务管理除对绝对量进行规划和控制外,还必须通过各因素之间的比例关系来发现管理中存在的问题,采取相应的措施,使有关比例趋于合理,这便是财务管理的比例原则。

比例原则是财务管理的一项重要原则,在财务管理实践中,财务分析中的比率分析、企业筹资中的资本结构决策、企业投资中的投资组合决策都必须贯彻这一原则。

2. 财务管理的优化原则

财务管理过程是一个不断地进行分析、比较和选择,以实现最优的过程,这就是财务管理的优化原则。在财务管理中贯彻优化原则,主要包括如下三个方面内容:

第一,多方案的最优选择问题。

第二,最优总量的确定问题。

第三,最优比例关系的确定问题。

优化原则是财务管理的重要原则,财务管理的过程就是优化过程。如果不需要优化,管理就失去了意义。

第二章 财务管理的基本模式

第一节 财务筹资管理模式

一、股权筹资管理

(一) 吸收直接投资中的出资方式

吸收直接投资中的出资方式主要包括：以现金出资、以实物出资、以无形资产出资。

第一，以现金出资。现金在使用上具有灵活性大的特点，它既可用于购置资产，也可用于支付费用。因此，企业应尽量动员投资者采用以现金出资的方式。

第二，以实物出资。以实物出资即投资者以厂房、建筑物、设备等固定资产和原材料、商品等流动资产进行的投资。企业吸收的实物资产应是企业确实所需的，并且技术先进、作价合理。其作价方式应按国家规定的有关方式执行或本着客观、公正的原则进行，如根据第三方（中介评估机构）的资产评估结果确定其价值，或者按双方签订的合同、协议约定的价值进行作价。

第三，以无形资产出资。以无形资产出资即投资者以专有技术权、商标权、专利权、土地使用权等无形资产进行的投资。一般而言，企业吸收的应该是技术先进，能帮助企业节能减耗、提高生产效率、增强竞争力的无形资产。吸收无形资产需要注意的是：无形资产的作价必须合理，并要符合国家对无形资产出资限额的规定。

(二) 吸收直接投资的优点与缺点

第一，吸收直接投资的优点。①吸收直接投资增大了企业的资本金，提高了企业的信誉和借款能力,对扩大企业经营规模、壮大企业实力具有重大的作用。②吸收直接投资尤其是吸收实物资产和无形资产投资,能直接获得投资者的先进设备和技术,有利于尽快形成生产能力,占领市场先机。③由于企业吸收的直接投资属于企业的权益性资金,无需偿还,企业可以自主使用,因此财务风险较小。④与股票筹资相比,吸收直接投资方式所履行的法律程序相对简单,因此筹资速度相对较快。

第二,吸收直接投资的缺点。①企业对于权益性资金支付的成本较高。因为,向投资者支付的报酬是根据其出资的数额和企业实现利润的比例来计算的,尤其是在企业经营状况较好和盈利较多时,企业往往会给投资者分配较多的利润,从而导致企业吸收直接投资的资金成本较高。②采取吸收直接投资的方式筹集资金,投资者往往会取得与投资金额相适应的经营管理权,甚至取得企业的控制权,这也是企业吸收权益性资金的代价之一。③由于吸收直接投资不以证券为媒介,因此其产权转让和交易不利于吸引广大投资者投资。

(三) 吸收直接投资的管理策略

吸收直接投资的管理主要包括以下内容:

第一,合理确定吸收直接投资的总量。企业在创建时,必须注意其资金筹集规模应与生产经营相适应,不能因资金筹集规模不足而影响生产经营效益。

第二,保持合理的出资结构与资产结构。由于在吸收直接投资形式下,各种不同出资方式形成的资产周转能力与变现能力不同,对企业正常生产经营能力的影响也不相同,因此企业应在吸收直接投资时确定较合理的结构关系。这些结构关系包括:现金出资与非现金出资之间的结构关系;实物资产与无形资产之间的结构关系;流动资产与长期资产之间的结构关系(包括流动资产与固定资产之间的结构关系)等。同时,保持各种出资方式资产之间的合理搭配,还能提高资产的运营效率,使企业在未来经营中动态地调整资产结构,保持所吸收资产的流动性和弹性。

第三,明确投资过程中的产权关系。不同投资者的投资数额不同。从而其所享有的权益也不相同。因此,企业在吸收直接投资时必须明确一系列产权关系,如企业与投资者之间的产权关系,以及各投资者之间的产权关系。

二、负债筹资管理

(一) 向银行借款筹资

1. 银行借款的类型

①按借款期限的不同,银行借款可分为短期借款、中期借款和长期借款。短期借款是指借款期限在 1 年以内(含 1 年)的借款。中期借款是指借款期限在 1 年以上(不含 1 年) 5 年以下(含 5 年)的借款。长期借款是指借款期限在 5 年以上(不含 5 年)的借款。

②按有无担保,银行借款可分为信用借款和担保借款。信用借款是指以借款人的信用或保证人的信用为依据而获得的借款,企业取得这种借款,无需以财产作抵押。

③按借款用途的不同,银行借款可分为基本建设借款、专项借款和流动资金借款。基本建设借款是指企业因从事新建、改建、扩建等基本建设项目需要资金,而向银行申请借入的款项。基本建设借款主要用于固定资产的更新改造等,具有期限长、利率高的特点。流动资金借款是指企业为了满足流动资金的需求而向银行申请借入的款项,包括流动基金借款、生产周转借款、临时借款结算借款和卖方信贷。专项借款是指企业因为专门用途而向银行申请借入的款项,如大修理借款。

2. 银行短期借款利息支付方法

(1) 利随本清法

利随本清法又称收款法,即在短期借款到期时向银行一次性支付利息和本金。在这种方法下,借款的实际利率等于名义利率。

(2) 贴现法

贴现法是银行向企业发放借款时,先从本金中扣除利息部分,而借款到期时企业再偿还全部本金的方法。在这种方法下,借款的实际利率高于名义利率。

3. 向银行借款筹资的优点与缺点

（1）向银行借款筹资的优点

第一，向银行借款筹资与发行股票、债券等筹资方式相比，借款手续简便，耗时少，筹资速度快。

第二，向银行借款筹资的成本较低。同样是长期资金，长期借款融资的成本比股票融资的成本要低，因为长期借款利息可在所得税前列支，从而减少了企业实际负担的成本。与债券融资相比，长期借款利率一般低于债券利率，借款筹资的筹资费用也较少。

第三，向银行借款筹资弹性较好。借款时，企业与银行直接交涉，有关条件可谈判确定；用款期间，企业如因财务状况发生某些变动，亦可与银行再协商。

因此，向银行借款筹资对企业而言具有较大的灵活性。

第四，向银行借款筹资易于保守企业机密。向银行办理借款，可以避免向公众提供公开的财务信息，有利于减少财务信息的披露面，对保守财务秘密有益。

（2）向银行借款筹资的缺点

第一，利用银行借款，企业必须按期还本付息，偿债压力大，财务风险较高。

第二，银行出于对风险的控制，一般会对企业借款的数额进行限制，不像发行股票、债券那样，可一次性筹集大量资金。

（二）发行债券筹资

1. 债券的要素

（1）债券的面值

债券的面值包括两个基本内容：一是币种；二是票面金额。币种可用本国货币，也可用外币，这取决于发行者的需要和债券的种类。票面金额是债券到期时企业需偿还债务的金额，它印在债券上，固定不变，到期必须足额偿还。

（2）债券的期限

债券有明确的到期日，债券从发行日起至到期日之间的时间称为债券的期限。债券的期限有日益缩短的趋势。在债券的期限内，公司必须定期支付利息；

债券到期时，公司必须偿还本金。

（3）债券的利率及利息

债券上通常载明利率，一般为固定利率，也有少数是浮动利率。债券的利率为年利率，面值与利率相乘可得出年利息。

2. 债券的分类

（1）债券按是否记名，可分为记名债券和不记名债券

记名债券是指企业发行债券时，债券购买者的姓名和地址在发行债券企业登记的一种债券。偿付本息时，按名册付款。这种债券的优点是比较安全，缺点是转让时手续比较复杂。不记名债券即带有息票的债券。企业发行这种债券时，无需登记购买者的名字，持有人凭息票领取到期利息，凭到期债券收回本金。不记名债券转让时随即生效，无需背书，因此比较方便。

（2）债券按有无抵押担保，可分为信用债券和抵押债券

信用债券是无抵押担保的债券，是仅凭发行者的信誉发行的。由于这种债券无抵押，只作保证，因此债券持有者要承担一定的风险。同时，这种债券的利率往往高于有抵押担保的债券利率。抵押债券是以一定的抵押品作抵押才能发行的债券，这种债券在国外比较常见。抵押债券按抵押品的不同，又可分为不动产抵押债券、动产抵押债券和证券抵押债券。如果债券到期不能偿还，持券人有权拍卖抵押品作为补偿。

（3）债券按能否转换，可分为可转换债券和不可转换债券

可转换债券是指根据发行契约，允许持券人按预定的条件、时间和转换率将持有的债券转换为公司普通股的债券。公司应当按照转换办法向债券持有人换发股票，但债券持有人对转换股票或者不转换股票有选择权。不可转换债券是指不享有将债券转换为股票的权利的债券。

3. 债券的发行

（1）债券的发行方式

债券的发行可采取公募发行和私募发行两种方式。

第一，公募发行，是以非特定的多数投资者为募集对象，向众多的投资者发行债券的方式。公募发行可筹集较多的资金，提高发行者在债券市场上的知名

度。公募发行的优点是：债券利率较低，可以公开上市交易，有比较好的流动性。公募发行的缺点是：发行费用较高，需要的发行时间较长。

第二，私募发行，是以特定的少数投资者为募集对象发行债券的方式。私募发行的优点是：能节约发行费用，并且缩短发行时间，限制条件较少。私募发行的缺点是：需要向投资者提供高于公募债券的利率，债券一般不能上市交易，缺乏流动性，且债务集中于少数债权人手中，发行者的经营管理容易受到干预。

（2）债券的发行价格

第一，决定债券发行价格的因素。债券发行价格的高低，主要取决于下述四项因素：一是债券面额。一般而言，债券面额越大，发行价格越高；二是票面利率。债券的票面利率越高，发行价格也越高，反之，发行价格就越低。三是市场利率。债券发行时的市场利率越高，债券的发行价格越低，反之，发行价格就越高。四是债券期限。债券期限越长，债权人的风险越大，要求的利息报酬就越高，债券的发行价格就可能较低，反之，发行价格就可能较高。此外，债券利息的支付方式也在一定程度上影响债券的发行价格。

第二，确定债券发行价格的方法。在实务中，债券的发行价格通常有三种情况，即等价、溢价、折价。等价是指以债券的票面金额作为发行价格，多数公司债券采用等价发行；溢价是指按高于债券票面金额的价格发行债券；折价是指按低于债券票面金额的价格发行债券。

债券的价值是由它未来给其持有人所带来的收益决定的。一般而言，债券的发行价格取决于债券的现值，即债券到期应对的面值和各期应对的利息按市场利率折合的现值。这里涉及与资金的时间价值相关的一对概念：现值与终值。现值即现在收款或付款的价值；终值即若干年后包括本金和利息在内的未来价值。由于债券偿还期较长，因此应按现值发行。分期付息时，债券的发行价格等于按市场利率折算的本金复利现值和利息的年金现值之和。一次还本付息时的债券发行价格是到期按市场利率计算的本息复利现值。

4. 债券的收回与偿还

（1）收回条款

一些企业在发行债券的契约中规定有收回条款，即企业在债券到期日之前可以用特定的价格收回债券。具有收回条款的债券使企业的融资具有较大的弹性。企业资金有结余或预测市场利率将下降时,企业都可以收回债券,然后以较低的利率发行新债券。

(2) 偿债基金

一些企业在发行债券的契约中规定有偿债基金,即要求企业每年提取固定的偿债基金,以便顺利偿还债券。偿债基金根据每年的销售额或盈利计算。

(3) 分批偿还

一些企业在发行债券的当时,就为不同编号或不同发行对象的债券规定了不同的到期日。这种到期日不同的债券,其利率和发行价格也不同,便于投资者选择最合适的到期日,因而便于发行。

(4) 新债券换旧债券

企业可以根据需要,以发行新债券来调换一次或多次发行的旧债券。企业之所以要进行债券的调换,一般有以下原因:一是原有债券的契约中订有较多的限制条款,不利于企业的发展;二是将多次发行、尚未彻底偿清的债券进行合并,以减少管理费;三是有的债券到期,但企业现金不足,只能借新债还旧债。

(5) 将债券转换成普通股

企业通过发行可转换债券的方式将债券转换为普通股来收回债券。

5. 发行债券筹资的优点和缺点

(1) 发行债券筹资的优点

第一,发行债券筹资的资金成本相对较低。与股票的股利相比,债券的利息允许在所得税前支付,发行公司可享受税收上的优惠,因此公司实际负担的债券成本一般低于股票成本。

第二,发行债券筹资可发挥财务杠杆作用。无论发行公司的盈利有多少,债券持有人一般只收取固定的利息,而更多的收益可分配给股东或留存公司用于生产经营,从而增加了股东和公司的财富。

第三,发行债券筹资有利于保障股东对公司的控制权。债券持有者无权参与企业的管理决策,因此通过发行债券筹资,既不会稀释股东对公司的控制权,又能扩大公司的投资规模。

第四,发行债券筹资有利于调整资本结构。公司在进行债券发行种类的决策时,如果适时选择可转换债券或可提前收兑债券,则对企业主动调整其资本结构十分有利。

(2) 发行债券筹资的缺点

第一,债券有固定的到期日,并且定期支付利息,无论企业经营好坏都要偿还,筹资风险较高。

第二,债券发行契约书上的限制条款比优先股和短期债务严格得多,可能会影响企业以后的发展或筹资能力。

第三,公司发行债券筹资要受公司资质及相关条件的约束,筹资额有限。

(三) 融资租赁筹资

1. 融资租赁的特点

①融资租赁一般涉及三方当事人,即出租人、承租人和供应商。

②融资租赁需要签订两个或两个以上的合同,即融资租赁合同、买卖合同、担保合同等。

③由承租人选定租赁物件和供货商。

④出租人不承担租赁物的瑕疵责任,可在一次租期内完全收回投资并盈利。

⑤融资租赁的标的物是特定设备,承租人也是特定的,因此租赁合同一般情况下不能中途解约。

⑥租赁期满后,承租人一般对设备有留购、续租和退租三种选择(在融资租赁交易中,承租人对租赁物几乎都要留购)。

2. 融资租赁的形式

融资租赁按其业务的不同特点,可分为以下形式:

(1) 直接租赁

直接租赁是融资租赁的典型形式,通常所说的融资租赁就是指直接租赁。

(2) 售后租回

在这种形势下,制造企业按照协议先将其资产卖给租赁公司,再作为承租企业将所售资产租回使用,并按期向租赁公司支付租金。

3. 融资租赁的程序

（1）选择租赁公司

企业决定采用租赁方式获取某项设备时，首先要了解各家租赁公司的经营范围、业务能力、资信情况，以及与其他金融机构（如银行）的关系，在取得各家租赁公司的融资条件和租赁费率等资料后加以比较，从中择优选择。

（2）办理租赁委托

企业选定租赁公司后，便可向其提出申请，办理委托。这时，承租企业需要填写"租赁申请书"，说明所需设备的具体要求，同时还要向租赁公司提供企业的财务状况文件，包括资产负债表、利润表和现金流量表等。

（3）签订购货协议

由承租企业与租赁公司的一方或双方合作组织选定设备制造厂商，并与其进行技术与商务谈判，在此基础上签署购货协议。

（4）签订租赁合同

租赁合同由承租企业与租赁公司签订，它是租赁业务的重要文件，具有法律效力。融资租赁合同的内容可分为一般条款和特殊条款两部分。

（5）办理验货、付款与保险

承租企业按购货协议收到租赁设备时，要进行验收。验收合格后签发交货及验收证书，并提交给租赁公司，租赁公司据此向供应厂商支付设备价款。同时，承租企业要向保险公司办理投保事宜。

（6）支付租金

承租企业应在租期内按合同规定的租金数额、支付方式向租赁公司支付租金。

（7）合同期满处理设备

融资租赁合同期满时，承租企业应按租赁合同的规定，对设备退租、续租或留购。租赁期满的设备通常都以低价卖给承租企业或无偿赠送给承租企业。

4. 融资租赁租金构成

在融资租赁方式下，承租企业需按合同规定向租赁公司支付租金。租金的数额和支付方式对承租企业未来的财务状况具有直接的影响，这也是融资租赁决策的重要依据。从出租人的角度看，购置设备需要支付一定的代价，并以此来取得收益。这些代价或收益都需要通过租金收入来补偿或取得。因此，租金的构成主要包括：一是租赁设备的购置成本，即设备价款，包括设备的买价、运杂费和途中保险费等；二是预计设备的残值，即设备租赁期满时预计的可变现净值；三是利息，即租赁公司为承租企业购置设备进行融资而应计的利息；四是租赁手续费，包括租赁公司承办租赁设备的营业费用以及一定的盈利。

5. 融资租赁筹资的优点与缺点

（1）融资租赁筹资的优点

第一，融资租赁能迅速获得所需资产。融资租赁集"融资"与"融物"于一身，往往比借款购置设备更迅速，可使企业尽快形成生产经营能力。

第二，融资租赁的限制条件较少。企业运用股票、债券、长期借款等筹资方式，都会受到相当多的资格条件限制。相比之下，融资租赁的限制条件较少。

第三，免遭设备陈旧过时的风险。随着科学技术的不断进步，固定资产的更新周期日趋缩短，企业设备陈旧过时的风险很高，相对于自己拥有设备而言，融资租赁可降低这种风险。因为，融资租赁的期限一般为资产使用年限的75%以上，不会像自己购买设备那样在整个期间都承担风险，并且许多租赁协议都规定由出租人承担设备陈旧过时的风险。

第四，融资租赁到期还本的负担轻。租金在整个租期内分期支付，不用到期归还大量本金。许多借款都需要在到期日一次偿还本金，这会给财务基础较弱的公司造成相当大的困难，有时还会面临不能偿付的风险，而融资租赁则把这种风险分摊在整个租期内，可适当减少不能偿付的风险。

第五，融资租赁的税收负担轻。

第六，融资租赁可提供一种新的资金来源。

（2）融资租赁筹资的缺点

融资租赁的主要缺点是资金成本高，融资租赁通常比向银行借款或发行债券所负担的利息高得多，而且租金总额通常要高于设备价值的30%。承租企业在财务困难时期，支付固定的租金也将构成一项沉重的负担。若承租企业不享有设备残值，那么这也是一种损失。

第二节 财务投资管理模式

一、财务投资意义与类型

(一) 投资的意义

企业需要通过投资配置资产,才能形成生产经营能力,取得未来的经济利益。

第一,投资是企业生存与发展的基本前提。企业的生产经营活动是企业资产的运用和资产形态的转换过程。投资是一种资本支出的行为,通过投资支出,企业购建流动资产和长期资产,形成生产条件和生产能力。实际上,无论是新设一个企业,还是建造一条生产线,都是一种投资行为。通过投资,确立企业的经营方向,配置企业所需的各类资产,并将它们有机地结合起来,形成企业的综合生产经营能力。如果企业想要进入一个新兴行业,或者开发一种新产品,都需要先行投资。因此,投资决策的正确与否,直接关系到企业的兴衰成败。

第二,投资是企业获得利润的基本前提。企业投资目的的实现,需通过预先垫付一定数量的货币或实物形态的资本,通过购建和配置形成企业各类资产,从事某类经营活动,获取未来的经济利益。通过投资形成企业生产经营能力,使企业得以开展具体的经营活动,获取经营利润。那些以购买股票、证券等有价证券方式向其他单位的投资,可以通过取得股利或债息来获取投资收益,也可以通过转让证券来获取资本利得。

第三,投资是企业风险控制的重要手段。企业经营面临的风险,有的来自市场竞争,有的来自资金周转以及原材料涨价、费用升高等情况。通过投资,可以将资金投向企业生产经营的薄弱环节,使企业的生产经营能力配套、平衡、协调。通过投资,可以实现多元化经营,将资金投放于经营相关程度较低的不同产品或不同行业,分散风险,稳定收益来源,降低资产的流动性风险、变现风险、增强资产的安全性。

（二）投资的类型

分类是认识事物的一种手段。对企业投资进行科学的分类，有利于分清投资的性质，按不同的特点和要求进行投资决策，加强投资管理。

1. 直接投资与间接投资

按投资活动与企业本身的生产经营活动的关系，分为直接投资和间接投资。

直接投资，是将资金直接投放于形成生产经营能力的实体性资产，直接谋取经营利润的企业投资。通过直接投资，购买并配置劳动力、劳动资料和劳动对象等具体生产要素，开展生产经营活动。直接投资的主要形式有：第一，投资者开办独资企业等，并独自经营；第二，与当地企业合作开办合资经营企业或合作经营企业，从而取得各种直接经营企业的权利，并派人员进行管理或参与管理；第三，投资者投入资本，不参与经营，必要时可派人员任顾问或指导；第四，投资者在股票市场上买入现有企业一定数量的股票，通过股权获得全部或相当部分的经营权，从而达到收购该企业的目的。

间接投资是将资金投放于股票、债券等权益性资产上的企业投资。之所以称为间接投资，是因为股票、债券的发行方，在筹集资金后，再把这些资金投放于形成生产经营能力的实体性资产，获取经营利润。而间接投资方不直接介入具体生产经营过程，而是通过股票、债券上所约定的收益分配权利，获取股利或利息收入，分享投资的经营利润。

2. 项目投资与证券投资

按投资对象的存在形态和性质，分为项目投资和证券投资。

项目投资是指企业可以通过投资，购买具有实质内涵的经营资产。包括有形资产和无形资产，形成具体的生产经营能力，开展实质性的生产经营活动，谋取经营利润。项目投资的目的在于改善生产条件、扩大生产能力，以获取更多的经营利润。项目投资属于直接投资。

证券投资是指企业可以通过投资，购买具有权益性的证券资产，通过证券资产上所赋予的权利，间接控制被投资企业的生产经营活动，获取投资收益。这类投资，即购买属于综合生产要素的权益性权利资产的企业投资。

证券是一种金融资产，即以经济合同契约为基本内容、以凭证票据等书面文件为存在形式的权利性资产。例如，债券投资代表的是未来按契约规定收取债息和收回本金的权利，股票投资代表的是对发行股票企业的经营控制权、财务控制权、收益分配权、剩余财产追索权等股东权利。证券投资的目的，在于通过持有权益性证券，获取投资收益或控制其他企业的财务或经营政策，并不直接从事具体生产经营过程。因此，证券投资属于间接投资。

直接投资与间接投资、项目投资与证券投资，两种投资分类方式的内涵和范围是一致的，只是分类角度不同。直接投资与间接投资强调的是投资的方式性，项目投资与证券投资强调的是投资的对象性。

3. 发展性投资与维持性投资

按投资活动对企业未来生产经营前景的影响，分为发展性投资和维持性投资。

发展性投资是对企业未来的生产经营发展全局有重大影响的企业投资。发展性投资也可以称为战略性投资，例如，企业间兼并合并的投资、转换新行业和开发新产品投资、大幅度扩大生产规模的投资等。发展性投资项目实施后，往往可以改变企业的经营方向和经营领域，或者明显地扩大企业的生产经营能力，或者实现企业的战略重组。

维持性投资是为了维持企业现有的生产经营正常顺利进行，不会改变企业未来生产经营发展全局的企业投资。维持性投资也可以称为战术性投资，例如，更新替换旧设备的投资、配套流动资金投资、生产技术革新的投资等。维持性投资项目所需要的资金比较少，对企业生产经营的前景影响不大，投资风险相对也较小。

4. 对内投资与对外投资

按投资活动资金投出的方向，分为对内投资和对外投资。

对内投资是在本企业范围内部的资金投放，用于购买和配置各种生产经营所需的经营性资产。对内投资都是直接投资。

对外投资是向本企业范围以外的其他单位的资金投放。对外投资多以现金、有形资产、无形资产等形式，通过联合经营、合作经营换取股权、购买证券资产等投资方式，向企业外部其他单位投放资金。对外投资主要是间接投资，也可能是直接投资。

5. 独立投资与互斥投资

按投资项目之间的相互关联关系，分为独立投资和互斥投资。

独立投资是各个投资项目之间互不关联、互不影响，可以同时并存，只要满足一定评价标准即可采纳的投资方案。独立投资是相容性投资，例如，建造一个饮料厂和建造一个纺织厂，它们之间并不冲突，可以同时进行。对于一个独立投资项目而言，其他投资项目被采纳或放弃，对本项目的决策并无显著影响。因此，独立投资项目决策考虑的是方案本身是否满足某种决策标准。例如，可以规定凡提交决策的投资方案，都要求其预期投资报酬率达到20%才能被采纳。这里，预期投资报酬率达到20%，就是一种预期的决策标准。

互斥投资是指各个投资项目之间相互关联、相互替代，不能同时并存，只能选择其中之一的投资活动。互斥投资是非相容性投资，例如，对企业现有设备进行更新，购买新设备就必须处置旧设备，它们之间是互斥的。对于一个互斥投资项目而言，其他投资项目被采纳或放弃，直接影响本项目的决策，其他项目被采纳，本项目就不能被采纳。因此，互斥投资项目决策考虑的是各方案之间的排斥性，也许每个方案都是可行方案，但互斥决策需要从中选择最优方案。

二、财务投资的主要特点

企业的投资活动与经营活动是有差别的，财务投资活动的结果对企业在经济利益上有较长期的影响。企业投资涉及的资金多、经历的时间长，对企业未来的财务状况和经营活动都有较大的影响。与日常经营活动相比，财务投资的主要特点如下：

（一）投资是企业的战略性决策

企业投资活动一般涉及企业未来的经营发展方向、生产能力及规模等问题，例如，厂房设备的新建与更新、新产品的研制与开发、对其他企业的股权控制等。劳动力、劳动资料和劳动对象,是企业的生产要素,是其进行经营活动的前提条件。企业投资主要涉及生产经营所需的固定资产的购建、无形资产的获取等劳动资料的获取。企业投资的对象也可能是生产要素综合体,即对另一个企业股权的取得和控制。这些投资活动直接影响本企业未来的经营发展规模和方向,是企业简单再生产得以顺利进行并实现扩大再生产的前提条件。企业的投资活动先于经营活动,这些投资活动往往需要一次性地投入大量的资金,并在一段较长的时期内发生作用,对企业经营活动的方向产生重大影响。

(二) 投资是企业的非程序化管理

企业有一些经济活动是日常重复进行的,例如,原材料的购买、员工的雇用、产品的制造与销售等,称为日常的例行性活动。这类活动经常性地重复发生,有一定的规律,可以按既定的程序和步骤进行,对这类重复性日常经营活动的管理,称为程序化管理。企业有一些经济活动往往不是经常性地重复出现,例如,新产品的开发、设备的更新、企业兼并等,称为非例行性活动。非例行性活动只能针对具体问题,按特定的影响因素、相关条件和具体要求进行审查和抉择。对这类非重复性特定经济活动的管理,称为非程序化管理。

企业的投资项目涉及的资金数额较大,这些项目的管理,不仅是投资问题,也是资金筹集问题。特别是设备和生产能力的购建、对其他关联企业的并购等,需要大量的资金。对于一个产品制造或商品流通的实体性企业而言,这种筹资和投资不会经常发生。

企业的投资项目产生影响的时间长。这些投资项目投入使用后,将形成企业的生产条件和生产能力,这些生产条件和生产能力的使用期限长,将在企业多个经营周期内直接发挥作用,也将间接影响日常经营活动中流动资产的配置与分布。

企业的投资活动是不经常发生的,有一次性和独特性的特点,投资管理属于非程序化管理。每一次投资的背景、特点、要求等都不一样,无明显的规律可遵循,管理时需要更加周密思考、慎重决策。

（三）投资价值的波动性大

投资项目的价值，是由投资的标的物资产的内在获利能力决定的。这些标的物资产的形态是不断转换的，未来收益的获得具有较大的不确定性，其价值也具有较大的波动性。同时，各种外部因素，例如，市场利率、物价等的变化，也时刻影响着投资标的物的资产价值。

因此，企业投资管理决策时，要充分考虑投资项目的时间价值和风险价值。企业投资项目的变现能力是不强的，因为其投放的标的物大多是机器设备等变现能力较差的长期资产，这些资产的持有目的也不是为了变现，并不准备在1年或超过1年的一个营业周期内变现。因此，投资项目的价值也是不易确定的。

三、财务投资管理的原则

为了适应投资项目的特点和要求，实现投资管理的目标，作出合理的投资决策，需要遵循财务投资管理的基本原则，以保证投资活动的顺利进行。

（一）投资管理的可行性分析原则

投资项目的金额大，资金占用时间长，一旦投资后具有不可逆转性，对企业的财务状况和经营前景影响重大。因此，在投资决策之时，必须建立严格的投资决策程序，进行科学的可行性分析。

项目可行性分析是对项目实施后未来的运行和发展前景进行预测，通过定性分析和定量分析比较项目的优劣，为投资决策提供参考。投资项目可行性分析是投资管理的重要组成部分，其主要任务是对投资项目实施的可行性进行科学的论证，主要包括环境可行性、技术可行性、市场可行性、财务可行性等方面。

环境可行性是要求投资项目对环境的不利影响最小，并能带来有利影响，包括对自然环境、社会环境和生态环境的影响。尤其需要关注国家、社会等对环境影响程度有明确规定的项目。建设项目的环境影响报告书应当包括下列内容：建设项目概况；建设项目周围环境现状；建设项目对环境可能造成影响的分析、预测和评估；建设项目环境保护措施及其技术、经济论证；建设项目对环境影响的经济损益分析；对建设项目实施环境监测的建议；环境影响评价的结论。建设项目的环境影响评价属于否决性指标，凡未开展或没通过环境影响评价的建设项目，不论其经济可行性和财务可行性如何，一律不得通过。

技术可行性是指要求投资项目形成的生产经营能力，具有技术上的适应性和先进性，包括工艺、装备、地址等。

市场可行性是指要求投资项目形成的产品能够被市场所接受，占据一定的市场份额，进而才能带来经济上的效益性。

财务可行性是指要求投资项目在经济上具有效益性，这种效益性是明显的和长期的。

财务可行性分析是投资项目可行性分析的主要内容，因为投资项目的根本目的是经济效益，市场和技术上可行性的落脚点也是经济上的效益性，项目实施后的业绩绝大部分表现在价值化的财务指标上。财务可行性是在相关的环境、技术、市场可行性完成的前提下，着重围绕技术可行性和市场可行性而开展的专门经济性评价。同时，一般也包含资金筹集的可行性。财务可行性分析的主要内容包括：收入、费用和利润等经营成果指标的分析；资产、负债、所有者权益等财务状况指标的分析；资金筹集和配置的分析；资金流转和回收等资金运行过程的分析；项目现金流量、净现值、内含报酬率等项目经济性效益指标的分析；项目收益与风险关系的分析等。

（二）投资管理的结构平衡原则

由于投资往往是一个综合性的项目，不仅涉及固定资产等生产能力和生产条件的购建，还涉及使生产能力和生产条件正常发挥作用所需要的流动资产的配置。同时，由于受资金来源的限制，投资也常常会遇到资金需求超过资金供给的矛盾。如何合理配置资源，使有限的资金发挥最大的效用，是投资管理中资金投放所面临的重要问题。资金既要投放于主要生产设备，又要投放于辅助设备；既要满足长期资产的需要，又要满足流动资产的需要。投资项目在资金投放时需遵循结构平衡的原则，合理分布资金，具体包括：固定资金与流动资金的配套关系、生产能力与经营规模的平衡关系、资金来源与资金运用的匹配关系、投资进度和资金供应的协调关系、流动资产内部的资产结构关系、发展性投资与维持性投资的配合关系、对内投资与对外投资的顺序关系、直接投资与间接投资的分布关系，等等。

投资项目在实施后，资金就会较长期地固化在具体项目上，退出和转向都不太容易。只有遵循结构平衡的原则，投资项目实施后才能正常顺利地运行，才能避免资源的闲置和浪费。

(三) 投资管理的动态监控原则

投资的动态监控是对投资项目实施过程中的进程控制，特别是对于那些工程量大、工期长的建造项目而言，有一个具体的投资过程，需要按工程预算实施有效的动态投资控制。

投资项目的工程预算，是对总投资中各工程项目以及所包含的分步工程和单位工程造价规划的财务计划。建设性投资项目应当按工程进度，对分项工程、分步工程、单位工程的完成情况，逐步进行资金拨付和资金结算，控制工程的资金耗费，防止资金浪费。在项目建设完工后，通过工程决算，全面清点所建造的资产数额和种类，分析工程造价的合理性，合理确定工程资产的账面价值。

对于间接投资特别是证券投资而言，投资前先须认真分析投资对象的投资价值，根据风险与收益均衡的原则合理选择投资对象。在持有金融资产过程中，需要广泛收集投资对象和资本市场的相关信息，全面了解被投资单位的财务状况和经营成果，保护自身的投资权益。有价证券类的金融资产投资，其投资价值不仅由被投资对象的经营业绩决定，还受资本市场的制约。这就需要分析资本市场上资本的供求关系，预计市场利率的波动和变化趋势，动态地估算投资价值，寻找转让证券资产和收回投资的最佳时机。

第三节　财务营运资金管理模式

一、营运资金及其管理原则

营运资金也叫营运资本。广义的营运资金又称总营运资本，是指企业生产经营活动中占用在流动资产上的资金，具体包括现金、交易性金融资产（有价证券)、应收账款、存货等占用的资金。狭义的营运资金是指某时点内企业的流动资产与流动负债的差额。因此，营运资金的管理既包括流动资产的管理，也包括流动负债的管理。

(一) 营运资金的特点

营运资金的特点可以通过流动资产和流动负债的特点体现出来。

1. 流动资产特点

与固定资产相比，流动资产具有以下特点：

(1) 投资回收期短

投资于流动资产的资金一般在一年或一个营业周期内收回，相对于固定资产而言，流动资产的周转期较短，周转速度较快，对企业产生影响的时间比较短。

(2) 流动性强

流动资产的流动性与其变现能力相关。流动资产在循环周转过程中，经过供、产、销三个阶段，其占用形态不断发生变化，因此具有较强的变现能力。如果遇到意外情况企业可迅速变卖流动资产，以获取现金，这对于满足企业的临时性资金需求具有重要意义。但是，过高的流动资产占比又会降低企业的整体收益，因此流动资产数额应保持在恰当的水平上。

(3) 并存性

在流动资产周转的过程中，企业每天都不断有资金流入，也有资金流出，流入和流出总要占用一定的时间，从供、产、销的某一瞬间看，各种不同形态的流动资产同时存在。因此，合理配置流动资产各项目的比例，是保证流动资产得以顺利周转的必要条件。

(4) 波动性

流动资产的投资并非一个常数，随着供、产、销的变化，其资金占用时高时低，起伏不定。非季节性企业如此，季节性企业更是如此。对于流动资产的投资管理而言，企业应该尽可能使流动资产的变动与企业的生产经营波动保持一致，以满足企业生产经营活动对资金的需要。

2. 流动负债特点

与长期负债筹资相比，流动负债具有筹资速度快、财务弹性大、筹资成本低、偿债风险大的特点。

（1）筹资速度快

一般而言，筹集短期借款比筹集长期借款更容易取得，而且所需时间往往较短。

（2）财务弹性大

与长期负债相比，流动负债使企业具有较大的灵活性，企业可以根据自己的资金需要量，及时调整流动负债的数额。

（3）偿债风险大

由于流动负债的占用时间往往比较短，因此偿债风险较大。

（二）营运资金管理原则

企业的营运资金在全部资金中占有相当大的比重，而且周转期短、形态易变，是企业财务管理工作的一项重要内容。企业财务经理的大量时间都用于营运资金的管理。企业进行营运资金管理，必须遵循以下原则：

第一，认真分析生产经营状况，合理确定营运资金的需要数量。企业营运资金的需要数量与企业生产经营活动有直接关系，当企业产销两旺时，流动资产会大幅增加，流动负债也会相应增加；而当企业产销量减少时，流动资产和流动负债也会相应减少。因此，企业财务人员应认真分析生产经营状况，采用一定的方法预测营运资金的需要数量，以便合理使用营运资金。

第二，在保证生产经营需要的前提下，节约使用资金。在营运资金的管理中，要在保证生产经营需要的前提下尽量节约使用资金，减少资金在流动资产上的占用量，挖掘资金潜力，提高资金使用效率。

第三，加速营运资金周转，提高资金的利用效果。营运资金周转是指企业的营运资金从现金投入生产经营开始，到最终通过销售收回现金的过程。在其他因素不变的情况下，加速营运资金的周转，也就相应地提高了资金的利用效果。因此，企业要加速存货、应收账款等流动资产的周转，以便用有限的资金，创造出最大的经济效益。

第四,合理安排流动资产与流动负债的比例,保证企业有足够的短期偿债能力。企业若偿债能力不足,尤其是短期偿债能力不足,不能偿还到期债务,不仅会影响企业的信誉和以后的发展,而且可能直接威胁企业的生存。如果一个企业的流动资产比较多,流动负债比较少,则说明企业的短期偿债能力较强;反之,则说明短期偿债能力较弱。但如果企业的流动资产太多,流动负债太少,也并不是一种正常现象,这可能是流动资产闲置或流动负债利用不足所致。因此,在营运资金管理中,企业要合理安排流动资产和流动负债的比例关系,以便既节约使用资金,又保证企业有足够的偿债能力。

二、财务营运中的现金管理

现金,是指在生产过程中暂时停留在货币形态的资金,包括库存现金、银行存款、银行本票和银行汇票等。交易性金融资产作为现金的一种变换存在形式,目的是在保持流动性的前提下,获取一点闲置资金的收益。作为现金的替代品,交易性金融资产是一种准货币,因而在流动资产管理中,往往将其视为现金的一部分。

在企业的流动资产中,现金是流动性最强的一种资产,具有可以立即支付的特点,不仅可以用来满足生产经营开支的各种需要,而且是还本付息和履行纳税义务的保证。因此,拥有足够的现金对企业具有十分重要的意义。企业应合理安排现金的持有量,避免现金闲置,提高资金的使用效率。

(一) 企业持有现金的动机与成本

1. 企业持有现金的动机类型

现金是非收益性资产,持有量过多,企业的机会成本就会增大,资金使用效率就会降低。但是为了满足以下动机的需要,企业又必须持有一定量的现金。

(1) 交易动机

交易动机是指企业为了满足日常的交易活动需要而持有现金的动机,如购买原材料、支付工资、缴纳税款等。这种需要发生频繁、金额较大,是企业持有现金的主要动机。

(2) 预防动机

预防动机是指企业为应对意外事件而持有现金的动机。由于市场行情的瞬息万变以及其他各种不确定性因素的存在，如销售不畅、自然灾害、生产事故、主要顾客未及时付款等，都会影响企业的现金收支计划。企业因预防动机所持有的现金量取决于以下因素：一是企业临时举债能力的强弱；二是企业对现金流量预测的可靠程度；三是企业愿意承担风险的程度。

(3) 投机动机

投机动机是指企业为抓住一些转瞬即逝的市场投资机会来获取收益而持有现金的动机。例如，遇到有廉价原材料供应的机会，便可用手头现金大量购入；预计证券行情看涨，便可以用现金购买证券等。

2. 企业持有现金的成本类型

(1) 转换成本

转换成本是指用现金购入有价证券以及转让有价证券换取现金时付出的交易费用，即现金同有价证券之间相互转换的成本，如委托买卖佣金、委托手续费、证券过户费、实物交割手续费等。严格地讲，转换成本仅指与交易金额无关而与交易次数成正比的交易费用。证券转换成本与现金持有量的关系是：在现金需要量既定的前提下，现金持有量越少，进行证券变现的次数就越多，相应的转换成本就越大；反之，现金持有量越多，进行证券变现的次数就越少，需要的转换成本就越小。

(2) 短缺成本

短缺成本是指因现金持有量不足又无法及时通过有价证券变现等形式加以补充而给企业造成的损失，包括由于现金的短缺而使企业的生产经营及投资受到影响所造成的损失，以及因不能及时支付而使企业蒙受的信誉损失等。短缺成本与现金持有量呈反比例关系，即现金的短缺成本随现金持有量的增加而下降，随现金持有量的减少而上升。

（二）确定最佳现金持有量

为应对各种现金支出的需要，企业必须持有一定数量的现金，但过多或过少地持有现金，对企业都是不利的。因此，企业应该确定最佳现金持有量。最佳现金持有量是指既能保证企业生产经营的需要，又能使企业获得最大收益的最低现金持有量。确定最佳现金持有量的方法有很多，这里主要分析存货分析模式、成本分析模式两种方法。

1. 存货分析模式

存货模式的着眼点也是现金相关总成本最低，在这些成本中，管理成本因其相对稳定，同现金持有量的大小关系不大，所以在存货模式中将其视为与决策无关的成本。由于现金是否会发生短缺、短缺多少、概率多大以及损失如何，都存在很大的不确定性和无法计量性，因此在存货模式中，企业对短缺成本也不予考虑。这样，在存货模式中，需要考虑的只有机会成本和转换成本。机会成本和转换成本随着现金持有量的变动而呈现相反的变动趋势。这就要求企业必须对现金与有价证券的分割比例进行合理安排，从而使机会成本与转换成本之和保持最低。换言之，能够使现金管理的机会成本与转换成本之和保持最低的现金持有量，就是最佳现金持有量。

2. 成本分析模式

成本分析模式是指在不考虑现金转换成本的情况下，通过对持有现金的成本进行分析而找出最佳现金持有量的一种方法。换言之，成本分析模式就是找出各种现金持有方案中机会成本、短缺成本和管理成本所组成的总成本之和最低的方案所对应的现金持有量，即为最佳现金持有量。这里，持有现金的机会成本可通过现金平均持有量与有价证券收益率之积确定，它与现金持有量成正比关系；短缺成本与现金持有量呈反比例关系；管理成本具有固定成本的属性，不随现金持有量变化。运用该模式确定最佳现金持有量的具体步骤为：①根据各种可能的现金持有量测算并确定有关成本数值。②根据上一步骤的结果编制最佳现金持有量测算表。③从测算表中找出总成本最低时的现金持有量，即最佳现金持有量。

（三）现金的日常管理策略

现金的日常管理主要是对现金收支的时间加以控制，从而加快现金流转、缩短现金周转期，以保持最适宜及最少量的现金余额。其目的在于提高现金使用效率，为了达到这一目的，企业可以运用以下策略：

1. 力争现金流入与流出同步等量策略

从理论上讲，企业如果能使现金收入量与流出量同时等量地发生，便可以极大地利用资金，而不需要置存现金。但实际上，这是不可能的。企业能够切实做到的是尽可能准确地预测现金流入和流出，确定适当的现金余额，并及早采取措施，合理安排使用多余的现金或弥补现金的不足，以充分发挥现金的使用效益，保证日常经营对现金的需求。例如，企业可以合理安排购货等活动以支出现金，有效组织销售等活动以收入现金，力争使现金流入与现金流出趋于一致。这要求企业必须做好现金流量的预测工作，并在此基础上编制相应的现金预算。此外，企业还可辅之以适度透支政策等办法，促使这一目标的实现。

2. 使用现金浮游量策略

从企业开出支票，收款人收到支票并存入银行，到银行将款项划出企业账户，中间需要一段时间，现金在这段时间的占用称为现金浮游量。此时，尽管企业已开出了支票，但由于款项并未从企业账户划出，因此企业仍可动用这笔资金。现金浮游量包括签发支票产生的浮游量及收入支票产生的浮游量，签发支票产生的浮游量为正浮游量，收入支票产生的浮游量为负浮游量。企业可控制好使用时间，在防止发生银行透支的前提下，利用好现金浮游量。

3. 加速收款策略

加速收款的重点是加速应收账款的回收，管理的主要内容包括结算方式的选择，以及赊销政策、信用政策、收账政策的制定等。近年来，电子商务尤其是互联网的迅速发展，使得电子付款手段方便、快捷、准确，企业可鼓励客户采用EDI（电子数据交换系统）方式付款，以缩短结算及在途时间。

4. 推迟应对账款的支付策略

推迟应对账款的支付是指在不影响企业信用等因素的前提下，采取延缓现金支出，以最大限度地利用现金持有余额，从而提高总体资金使用效益的一种现金管理策略。具体的措施包括：①采用适当的付款方式。在有条件的情况下，尽量采用能够延缓现金实际流出时间的付款方式，如采取赊购、期票付款、商业票据付款等方式。②充分利用对方给予的信用政策和信用条件。例如，在丧失折扣的情况下，企业通常应把信用期最后一天作为付款时间。

三、财务运营中应收账款管理

应收账款是企业因对外赊销产品、材料、提供劳务及其他原因，而向购货单位或接受劳务单位及其他单位收取的款项。随着市场经济的发展，商业信用的使用日趋增多，应收账款的数额也逐渐增大，加强对应收账款的管理已成为当前流动资产管理的重要内容。

（一）应收账款功能与成本

1. 应收账款功能

（1）促进销售

销售产品的方式有现销和赊销两种。在市场竞争日趋激烈的情况下，赊销是促进销售的一种重要方式。通过赊销向客户提供商业信用，可以招揽更多的客户，扩大市场销售，增加市场份额，增强企业产品的竞争力，从而给企业带来更多的收益。特别是在企业产品销售不畅、市场疲软、竞争力不强，或者推广新产品，开拓新市场时，赊销更是具有重要的意义。

（2）减少存货

企业持有存货，会增加管理费、仓储费和保险费等的支出。赊销方式能增加销售，也促成了产成品存货的减少，使存货转化为应收账款，从而减少了存货管理的有关支出。因此，企业在存货较多时，可以采用较为优惠的信用条件进行赊销，以减少存货及节约各项存货管理费用支出。

2. 应收账款成本

赊销方式在促进销售的同时，也会因持有应收账款而付出一定的代价，这种代价即为应收账款的成本。应收账款的成本如下：

（1）机会成本

应收账款的机会成本是指企业的资金因被应收账款占用而不能用于其他投资，所丧失的投资收益。其大小不仅与企业维持赊销业务所需的资金量有关，还与企业的平均收现期、变动成本率、资金成本率等因素有关。

（2）管理成本

应收账款的管理成本是指企业因对应收账款进行管理而耗费的开支，是应收账款成本的重要组成部分。其主要包括对客户的资信调查费用、收集各种信息的费用、应收账款簿记录费用、收账费用以及其他费用。

（3）坏账成本

应收账款的坏账成本是指应收账款因故无法收回而给企业造成的损失。它一般与应收账款的数额大小有关，即应收账款越多，坏账成本越大。

（二）应收账款的信用政策

应收账款的信用政策即应收账款的管理政策，是指企业为规划应收账款规模和监控应收账款回收情况而制定的一系列策略与措施。应收账款的信用政策包括信用标准、信用条件和收账政策三项内容。

1. 信用标准

信用标准是客户获得企业商业信用所应具备的最低条件，通常由预期的坏账损失率来衡量。如果企业的信用标准定得高，只对信誉很好、坏账损失率很低的顾客给予赊销，就可以减少坏账成本和应收账款的机会成本，但会减少销售量。相反，如果信用标准定得低，销售量虽能增加，但同时又会使企业的应收账款以及相关成本增加。信用标准的制定，可以从定量及定性两方面进行分析。定量依据是估量客户的信用等级和坏账损失率。定性依据主要从同行业竞争对手的情况、企业承担违约风险的能力、客户的资信程度等方面进行综合考虑。其中，客户资信程度的高低通常通过"5C"系统来评价，即客户的信用品质（Character）、偿债能力（Capacity）、资本（Capital）、抵押品（Collateral）、条件（Condition）。

信用品质是指客户的信誉，是评估顾客信用品质的首要指标，如以往是否有故意拖欠账款和赖账的行为，与其他供货企业的关系是否良好等。偿债能力是指顾客或客户的偿债能力，即其流动资产的数量和质量以及与流动负债的比例。资本是指顾客或客户的财务实力和财务状况，表明顾客可能偿还债务的背景，如负债比率、流动比率、速动比率、有形资产净值等财务指标。抵押品是指顾客或客户拒付款项或无力支付款项时能被用作抵押的资产，一旦收不到这些顾客的款项，便以抵押品抵补，这对于首次交易或信用状况有争议的顾客或客户尤为重要。经济状况是指可能影响顾客或客户付款能力的社会经济环境。

上述几个方面的信用资料可以通过访问客户、直接查阅与分析客户的财务报表获得，也可以通过银行提供的客户信用资料以及与该客户的其他单位交换有关信用资料间接取得。

2. 信用条件

信用条件是指企业要求客户支付赊购货款的条件，它由信用期限、现金折扣期限及现金折扣率等部分组成。信用条件可在行业惯例的基础上，结合企业自身确定的信用标准给出。

（1）信用期限的确定

信用期限是指企业允许客户从购货到付款之间的时间间隔，是企业允许客户延迟付款的最长期限。信用期限过短，不能够吸引顾客，不利于扩大销售；信用期限过长，虽然可吸引更多的客户，刺激销售，但也会使管理成本、机会成本和坏账成本上升。因此，制定信用期限时，应考虑延长信用期限增加的销售利润是否超过所增加的成本费用。

（2）现金折扣的确定

延长信用期限会增加应收账款的占用额和收账期，从而增加机会成本、管理成本和坏账成本。许多企业为了加速资金周转，及时收回货款，减少坏账损失，往往在延长信用期限的同时，采用一定的优惠措施，即在规定的时间内提前偿付货款的客户可按销售收入的一定比率享受折扣，这便是现金折扣。现金折扣政策由现金折扣期限和现金折扣率两部分组成。

与延长信用期限一样，采用现金折扣方式在刺激销售，加速现金回收及降低机会成本、管理成本和坏账成本的同时，也需要付出一定的代价，即现金折扣成本。现金折扣成本也是信用决策中的相关成本。因此，是否实行现金折扣政策以及设计何种程度的现金折扣政策的基本思路是：增加的销售利润能否超过增加的机会成本、管理成本、坏账成本和折扣成本之和。

3. 收账政策

收账政策是指客户违反信用条件、拖欠甚至拒付账款时,企业所采取的收账策略与措施。

企业对拖欠的应收账款,无论采用何种方式进行催收,都需要付出一定的代价,即收账费用,某些催款方式的费用还会很高(如诉讼费等)。因此,收账政策应建立在一个适宜的范围之内。积极的收账政策可以减少应收账款的机会成本和坏账损失,但会增加收账费用;消极的收账政策虽然可以减少收账费用,但却会增加应收账款的机会成本和坏账损失。在制定收账政策时,企业应在减少收账费用与减少应收账款的坏账损失及机会成本之间进行权衡。若前者小于后者,则说明制定的收账政策是可取的。

企业在处理客户的欠款时应采用适当的催收方式,做到有理、有利、有节。对超过信用期限较短的客户宜采用电话、写信等方式催款;对久拖不还的欠款,企业应具体调查分析客户欠款不还的原因。若客户确因财务困难而无力支付,企业则应与客户相互协商沟通,寻求解决问题的理想办法,甚至可以给客户提供适当的帮助;若客户欠款属于品质恶劣,企业则应逐渐加大催收力度,直至诉诸法律,并将该客户从信用名单中排除。一般而言,企业应尽量避免对客户采取强硬措施,要珍惜与客户之间的友情,树立企业的良好形象,这样有助于企业争取更多的回头客。但如果双方无法协调解决,也只能诉诸法律进行裁判。

(三) 应收账款的日常管理

应收账款是企业流动资产的重要组成部分,企业必须加强对应收账款的日常管理,采取有力措施对应收账款的运行状况进行经常性分析、控制,及时发现问题,提前采取行动,尽可能减少坏账损失。

1. 对应收账款进行追踪分析

应收账款一旦形成,企业就必须考虑如何按期足额收回的问题。这样,赊销企业就有必要在收款之前,对该项应收账款的运行过程进行追踪分析,其重点要放在赊销商品的变现方面。企业应对赊购者今后的经营情况、偿付能力进行追踪分析,及时了解客户现金的持有量与调剂程度能否满足兑现的需要,并将那些挂账金额大、挂账时间长、经营状况差的客户欠款作为考察的重点内容，以防患于未然。必要时，企业还可采取一些措施，如要求这些客户提供担保等，来保证应收账款的回收。

2. 对应收账款的账龄进行分析

应收账款的账龄是指未收回的应收账款从产生到目前的整个时间。一般而言，客户逾期拖欠账款的时间越长，账款催收的难度越大，成为呆账或坏账损失的可能性也就越高。企业必须做好应收账款的账龄分析，密切注意应收账款的回收进度和出现的变化。应收账款的账龄分析就是考察应收账款的账龄结构。账龄结构是指各账龄应收账款的余额占应收账款总计余额的比重。

通过对应收账款的账龄分析，企业财务管理部门可以掌握以下信息：第一，有多少客户在折扣期限内付款；第二，有多少客户在信用期限内付款；第三，有多少客户在信用期限过后才付款；第四，有多少应收账款拖欠太久，可能会成为坏账。如果账龄分析显示，企业应收账款的账龄开始延长或者过期账户所占比例逐渐增加，就必须及时采取措施，调整企业的信用政策，努力提高应收账款的收现效率。对尚未到期的应收账款，企业也不能放松监督，以防发生新的拖欠。

3. 建立应收账款坏账准备金制度

不管企业采用怎样严格的信用政策，只要存在商业信用行为，坏账损失的发生就是不可避免的。因此，企业应遵循稳健性原则，对坏账损失的可能性预先进行估计，积极建立弥补坏账损失的坏账准备金制度，用于补偿无法收回的坏账损失，以促进企业的健康发展。

第四节 财务利润分配管理模式

一、财务利润分配原则与程序

财务管理中的利润分配，主要是指企业的净利润分配。利润分配的实质就是确定给投资者分红与企业留用利润的比例。企业年度决算后实现的利润总额，要在国家、企业的所有者和企业之间进行分配。利润分配关系着国家、企业、职工及所有者各方面的利益，是一项政策性较强的工作，必须严格按照国家的法规和制度执行。利润分配的结果形成了国家的所得税收入、投资者的投资报酬和企业的留用利润等不同的项目。其中，企业的留用利润是指盈余公积金、公益金和未分配利润。由于税法具有强制性和严肃性，缴纳税款是企业必须履行的义务。

（一）利润分配原则

第一，依法分配原则。为规范企业的利润分配行为，国家制定和颁布了若干法规，这些法规规定了企业利润分配的基本要求、一般程序和重大比例。企业的利润分配必须依法进行，这是正确处理企业各项财务关系的关键。

第二，分配与积累并重原则。企业的利润分配要正确处理长期利益和近期利益这两者的关系，坚持分配与积累并重原则。企业除按规定提取法定盈余公积金以外，可适当留存一部分利润作为积累，这部分未分配利润仍归企业所有者所有。这部分积累的净利润不仅可为企业扩大生产筹措资金，增强企业发展能力和抵抗风险的能力，同时，还可供未来年度进行分配，起到以丰补歉、平抑利润分配数额波动、稳定投资报酬率的作用。

第三，兼顾职工利益原则。企业的净利润归投资者所有，是企业的基本制度。但企业职工不一定是企业的投资者，净利润就不一定归他们所有，而企业的利润是由全体职工的劳动创造的，他们除了获得工资和奖金等劳动报酬外，还应以适当的方式参与净利润的分配，如在净利润中提取公益金，用于企业职工的集体福利设施支出。公益金是所有者权益的一部分，职工对这些福利设施具有使用权并负有保管之责，但没有所有权。

第四，投资与收益对等原则。企业利润分配应当体现"谁投资谁收益"、收益大小与投资比例相适应，即投资与收益对等原则，这是正确处理企业与投资者利益关系的立足点。投资者因投资行为，以出资额依法享有利润分配权，就要求企业在向投资者分配利润时，要遵守公开、公平、公正的"三公"原则，一视同仁地对待所有投资者，任何人不得以在企业中的其他特殊地位牟取私利，这样才能从根本上保护投资者的利益。

(二) 利润分配程序

利润分配程序是指公司制企业根据适用法律、法规或规定，对企业一定期间内实现的净利润进行分派必须经过的先后步骤。非股份制企业当年实现的利润总额应按国家有关税法的规定作相应的调整，然后依法交纳所得税。交纳所得税后的净利润按下列顺序进行分配：

第一，弥补以前年度的亏损。企业的年度亏损，可由下一年度的税前利润弥补，下一年度税前利润尚不足以弥补的，可由以后年度的税前利润继续弥补，但用税前利润弥补以前年度亏损的连续期限不超过5年。5年内弥补不足的，用本年税后利润弥补。本年净利润+年初未分配利润为企业可供分配的利润，只有可供分配的利润大于零时，企业才能进行后续分配。

第二，提取法定盈余公积金。可供分配的利润大于零是计提法定盈余公积金的必要条件。法定盈余公积金以净利润扣除以前年度亏损为基数，按10%提取，即企业年初未分配利润为借方余额时，法定盈余公积金计提基数为：本年净利润减年初未分配利润（借方）余额。若企业年初未分配利润为贷方余额，法定盈余公积金计提基数为本年净利润，年初未分配利润贷方余额在计算可供投资者分配的净利润时计入。当企业法定盈余公积金达到注册资本的50%时，可不再提取。法定盈余公积金主要用于弥补企业亏损和按规定转增资本金，但转增资本金后的法定盈余公积金一般不低于注册资本的25%。

第三，提取法定公益金。法定公益金是以法定盈余公积金相同基数的5%~10%计提的职工公共利益资金。它主要用于企业职工的福利设施支出。

第四，向投资者分配利润。企业本年净利润扣除弥补以前年度亏损、提取法定盈余公积金和公益金后的余额，加上年初未分配利润贷方余额，即为企业本年可供投资者分配的利润，按照分配与积累并重原则，确定应向投资者分配的利润数额。

分配给投资者的利润是投资者从企业获得的投资回报。向投资者分配利润应遵循纳税在先、企业积累在先、无盈余不分利的原则，其分配顺序在利润分配的最后阶段。这体现了投资者对企业的权利、义务以及投资者所承担的风险。

从上述利润分配程序来看，股利来源于企业的税后利润，但净利润不能全部用于发放股利，股份制企业必须按照有关法规和公司章程规定的顺序、比例，在提取了法定盈余公积金、公益金后，才能向优先股股东支付股息，在提取了任意盈余公积金之后，才能向普通股股东发放股利。如股份公司当年无利润或出现亏损，原则上不得分配股利，但为维护公司股票的信誉，经股东大会特别决议，可按股票面值较低比率用盈余公积金支付股利，支付股利后留存的法定盈余公积金一般不得低于注册资本的25%。

二、股利分配政策及影响因素

股利分配政策是指企业管理层对与股利有关的事项所采取的方针策略。股利分配在公司制企业经营理财决策中，始终占有重要地位。这是因为股利的发放，既关系到公司股东的经济利益，又关系到公司的未来发展。通常较高的股利，一方面可使股东获取可观的投资收益；另一方面还会引起公司股票市价上涨，从而使股东除股利收入外还获得了资本利得。但是，过高的股利必将使公司留存收益大量减少，或者影响公司未来发展，或者大量举债，增加公司资本成本负担，最终影响公司未来收益，进而降低股东权益；而较低的股利，虽然使公司有较多的发展资金，但与公司股东的愿望相背离，股票市价可能下降，公司形象将受到损害。因此，对公司管理当局而言，如何均衡股利发放与企业的未来发展，并使公司股票价格稳中有升，便成为企业经营管理层追求的目标。

（一）股利分配政策的类型

股利分配政策的核心问题是确定支付股利与留用利润的比例，即股利支付率问题。目前，企业财务管理中常用的股利政策主要有以下类型：

1. 固定或稳定增长的股利政策

固定股利政策表现为每股股利支付额固定。其基本特征是：不论经济情况如何，也不论企业经营好坏，不降低股利的发放额，将企业每年的每股股利支付额稳定在某一特定水平上保持不变，只有企业管理当局认为企业的盈利确已增加，而且未来的盈利足以支付更多的股利时，企业才会提高每股股利支付额。

稳定的股利政策的实行比较广泛，如果企业的盈利下降，而股利并未减少，那么，投资者会认为企业未来的经济情况会有好转。一般的投资者都比较喜欢投资有稳定的股利支付政策的企业。而稳定的股利政策则有助于消除投资者心中的不确定感，对于那些期望每期有固定数额收入的投资者，则更喜欢比较稳定的股利政策。因此，许多企业都在努力维持其股利的稳定性。固定股利政策的缺点主要在于，股利的支付与盈利相脱节，当盈利较低时仍要支付固定股利，这可能会出现资金短缺、财务状况恶化的情况，影响企业的长远发展。这种股利政策适用于盈利稳定或处于成长期的企业。

2. 固定股利支付率政策

固定股利支付率政策是将每年盈利的某一固定百分比作为股利分配给股东。实行这一政策的企业认为，只有维持固定股利支付率，才能使股利与公司盈利紧密结合，体现多盈多分、少盈少分、不盈不分的原则，这样才算真正做到公平的对待每一股东。固定股利支付率政策的问题在于，如果企业的盈利各年间波动不定，则其股利也随之波动。由于股利随盈利而波动会影响股东对企业未来经营的信心，不利于企业股票市场价格的稳定与上涨。因此，大多数企业并不采用这一股利政策。

3. 剩余股利政策

剩余股利政策强调企业未来有良好的投资机会时，根据企业设定的最佳资本结构，确定未来投资所需的权益资金，先最大限度地使用留用利润来满足投资方案所需的权益资本，然后将剩余部分作为股利发放给股东。剩余股利政策成立的基础是：大多数投资者认为，如果企业再投资的收益率高于投资者在同样风险下其他投资的收益率，他们宁愿把利润保留下来用于企业再投资，而不是用于支付股利。例如，企业有投资收益率达12%的再投资机会，而股东取得股息后再投资的收益率只有10%时，则股东们愿意选择将利润保留于企业。股东取得股息再投资后10%的收益率，就是企业利润留存的成本。如果投资者能够找到其他投资机会，使得投资收益大于企业利用保留利润再投资的收益，则投资者更喜欢发放现金股利。这意味着投资者对于留存盈利或发放股利毫无偏好，关键是企业投资项目的净现值必须大于零。

剩余股利政策的优点是：可最大限度地满足企业对再投资的权益资金需要，保持理想的资本结构有助于降低再投资的资金成本，并能使综合资本成本最低。其缺点是：忽略了不同股东对资本利得与股利的偏好，损害了那些偏好现金股利的股东利益，从而有可能影响股东对企业的信心。此外，企业采用剩余股利政策是以投资的未来收益为前提的，由于企业管理层与股东之间存在信息不对称，股东不一定了解企业投资的未来收益水平，因而也会影响股东对企业的信心。

4. 低正常股利加额外股利政策

低正常股利加额外股利政策是介于固定股利与固定股利支付率之间的一种股利政策，其特征是：企业一般每年都支付较低的固定股利，当盈利增长较多时，再根据实际情况加付额外股利。即当企业盈余较低或现金投资较多时，可维护低的固定股利；而当企业盈利有较大幅度增加时，则加付额外股利。低正常股利加额外股利政策既能保证股利的稳定性，使依靠股利度日的股东有比较稳定的收入，从而吸引住这部分股东，又能做到股利和盈利有较好的配合，使企业具有较大的灵活性。这种股利政策适用于盈利与现金流量波动不够稳定的企业，因而也被大多数企业所采用。

（二）股利分配的影响因素

理论上，股利是否影响企业价值存在相当大的分歧。但在现实经济生活中，企业仍然是要进行股利分配的。当然，企业分配股利并不是无所限制，总是要受到一些因素的影响，一般而言，企业股利政策的影响因素主要有以下方面：

1. 企业影响因素

企业资金的灵活周转是企业生产经营得以正常进行的必要条件。因此，企业长期发展和短期经营活动对现金的需求，便成为对股利的最重要的限制因素，其相关因素如下：

（1）资产的流动性

企业现金股利的分配应以一定资产流动性为前提。如果企业的资产流动性越好，说明其变现能力越强，股利支付能力也就越强。高速成长的营利性企业，其资产可能缺乏流动性，因为它们将大部分资金投资在固定资产和永久性流动资产上了。这类企业当期利润虽然多，但资产变现能力差，企业的股利支付能力就会削弱。

（2）投资机会

有着良好投资机会的企业需要有强大的资金支持，因而往往少发现金股利，将大部分盈余留存下来进行再投资；缺乏良好投资机会的企业，保留大量盈余的结果必然是大量资金闲置，于是倾向于支付较高的现金股利。因此，处于成长中的企业因一般具有较多的良好投资机会而多采取低股利政策；许多处于经营收缩期的企业，则因缺少良好的投资机会而多采取高股利政策。

（3）筹资能力

如果企业规模大、经营好、利润丰厚，其筹资能力一般很强，那么在决定股利支付数额时，有较大的选择余地。但对那些规模小、新创办、风险大的企业，其筹资能力有限，这类企业应尽量减少现金股利进行支付，而将利润更多地留存在企业，作为内部筹资。

（4）盈利的稳定性

企业的现金股利来源于税后利润。盈利相对稳定的企业，有可能支付较高股利；盈利不稳定的企业，一般采用低股利政策。这是因为对于盈利不稳定的企业，低股利政策可减少因盈利下降而造成的股利无法支付、企业形象受损、股价急剧下降的风险，还可将更多的盈利用于再投资，以提高企业的权益资本比重，减少财务风险。

（5）资本成本

留用利润是企业内部筹资的一种重要方式。同发行新股或举借债务相比，它不但筹资成本较低，而且具有很强的隐蔽性。企业如果一方面大量发放股利，另一方面又以支付高额资本成本为代价筹集其他资本，那么，这种舍近求远的做法无论如何是不恰当的，甚至有损于股东利益。因此，从资本成本考虑，如果企业扩大规模而需要增加权益资本时，不妨采取低股利政策。

2. 股东意愿因素

股东在避税、规避风险、稳定收入和股权稀释等方面的意愿，也会对企业的股利政策产生影响。企业的股利政策不可能使每个股东财富都实现最大化，企业制定股利政策的目的在于，对绝大多数股东的财富产生有利影响。

（1）避税考虑

企业的股利政策还受到所得税税率的影响。在我国，由于现金股利收入的税率是20%，而股票交易尚未征收资本利得税。因此，低股利支付政策可给股东带来更多的资本利得收入，达到避税目的。

（2）规避风险

在一部分投资者看来，股利的风险小于资本利得的风险，当期股利的支付解除了投资者心中的不确定性，因此，他们往往会要求企业支付较多的股利，从而减少股东投资风险。

（3）稳定收入

如果一个企业拥有很大比例的富有股东，这些股东多半不会依赖企业发放的现金股利维持生活，它们对定期支付现金股利的要求不会显得十分迫切。反之，如果一个企业绝大部分股东属于低收入阶层以及养老基金等机构投资者，他们需要企业发放的现金股利来维持生活或用于发放养老金等，因此，这部分股东特别关注现金股利，尤其是稳定的现金股利发放。

（4）股权稀释

企业必须认识到高股利支付率会导致现有股东股权和盈利的稀释，如果企业支付大量现金股利，然后发行新的普通股以融通所需资金，现有股东的控制权就有可能被稀释。另外，随着新普通股的发行，流通在外的普通股股数增加，最终将导致普通股的每股盈利和每股市价的下降，对现有股东产生不利影响。

3. 其他影响因素

影响股利政策的其他因素主要包括：不属于法规规范的债务合同约束、政府对机构投资者的投资限制，以及因通货膨胀带来的企业对重置实物资产的特殊考虑等。

（1）债务合同约束

企业的债务合同特别是长期债务合同，往往有限制企业现金股利支付的条款，这使得企业只能采用低股利政策。

（2）机构投资者的投资限制

机构投资者包括养老基金、储蓄银行、信托基金、保险企业及其他一些机构。机构投资者对投资股票种类的选择，往往与股利特别是稳定股利的支付有关。如果某种股票连续几年不支付股利或所支付的股利金额起伏较大，则该股票一般不能成为机构投资者的投资对象。因此，如果某一企业想更多地吸引机构投资者，则应采用较高而且稳定的股利政策。

（3）通货膨胀的影响

在通货膨胀的情况下，企业货币性资产的购买力会下降，会导致没有足够的资金来源重置固定资产。这时，较多的留存利润就会当成弥补固定资产折旧基础的购买力水平下降的资金来源。因此，在通货膨胀时期，企业股利政策往往偏紧。

三、股利支付形式与程序管理

（一）股利支付形式类型

企业通常以多种形式发放股利，股利支付形式一般有现金股利、股票股利、财产股利及负债股利。其中，最为常见的是现金股利和股票股利。在现实生活中，我国上市公司的股利分配广泛采用一部分股票股利和一部分现金股利的做法，其效果是股票股利和现金股利的综合。

1. 现金股利支付形式

现金股利是指企业以发放现金的方式向股东支付股利，也称红利。现金股利是企业最常见的、最易被投资者接受的股利支付方式。企业支付现金股利，除了要有累计的未分配利润外，还要有足够的现金。因此，企业在支付现金前，必须做好财务上的安排，以便有充足的现金支付股利。因为，企业一旦向股东宣告发放股利，就对股东承担了支付的责任，必须如期履约。

2. 股票股利支付形式

股票股利是指应分给股东的股利以额外增发股票的形式发放。以股票作为股利，一般都是按在册股东持有股份的一定比例来发放，对于不满一股的股利仍采用现金发放。股票股利最大的优点就是节约现金支出，因而常被现金短缺的企业所采用。

发放股票股利时，在企业账面上只需减少未分配利润项目金额的同时，增加股本和资本公积等项目金额，并通过中央清算登记系统增加股东持股数量。显然，发放股票股利是一种增资行为，需经股东大会同意，并按法定程序办理增资手续。但发放股票股利与其他的增资行为不同的是，它不增加股东财富，企业的财产价值和股东的股权结构也不会改变，改变的只是股东权益内部各项目的金额。

我国股票股利价格是以股票面值计算的。发放股票股利后，如果盈利总额不变，会由于普通股股数增加而引起每股盈余和每股市价的下降，但股东所持股票的市场价值总额仍保持不变。尽管股票股利不直接增加股东的财富，也不增加企业的价值，但对股东和企业都有好处。

对股东的意义在于：①如果企业在发放股票股利后同时发放现金股利，股东会因为持股数的增加而得到更多的现金。②有时企业发行股票股利后，股价并不成同比例下降，这样便增加了股东的财富。因为股票股利通常为成长中的企业所采用，投资者可能会认为，企业的盈余将会有大幅度增长，并能抵消增发股票所带来的消极影响，从而使股价稳定不变或略有上升。③在股东需要现金时，可将分得的股票股利出售，从中获得纳税上的好处。

对企业的意义在于：①能达到节约现金的目的。企业采用股票股利或股票股利与现金股利相互配合的政策，既能使股东满意，又能使企业留存一定现金，便于进行再投资，有利于企业长期发展。②在盈余和现金股利不变的情况下，发放股票股利可降低每股价值，从而吸引更多的投资者。

（二）股利支付程序管理

企业通常在年度末计算出当期盈利之后，才决定向股东发放股利。但是，在资本市场中，股票可以自由交换，公司的股东也经常变换。公司必须事先确定与股利支付相关的时间界限。下面主要探讨股利宣告日、股权登记日、除息日。

第一，股利宣告日。股利一般是每年度或每半年进行分配。一般而言，分配股利首先要由公司董事会向公众发布分红预案，在发布分红预案的同时或之后，公司董事会将公告召开公司股东大会的日期。股利宣告日是指董事会将股东大会决议通过的分红方案（或发放股利情况）予以公告的日期。在公告中，将宣布每股股利、股权登记日、除息日和股利支付日等事项。

第二，股权登记日。股权登记日是指有权领取股利的股东资格登记截止日期。只有在股权登记日前在公司股东名册上有名的股东，才有权分享当期股利。在股权登记日以后列入名单的股东无权领取股利。

第三，除息日。除息日是指领取股利的权利与股票相互分离的日期。在除息日前，股利权从属于股票，持有股票者即享有领取股利的权利；从除息日开始，股利权与股票相分离，新购入股票的人不能享有股利。除息日的确定是证券市场交割方式决定的，因为，股票的买卖的交接、过户需要一定的时间。

第三章 业务流程的内部会计控制

第一节 采购与付款循环的内部会计控制

一、采购与付款循环内部会计控制目标

在现代企业的经营管理中，采购与付款循环不仅是日常运营的重要环节，也是内部控制体系的关键组成部分。这一循环的有效管理直接关系到企业的成本控制、资金流动性和财务透明度，因此，实现其基本控制目标——规范采购与付款行为，防范潜在风险，提升经济效益，显得尤为重要。

首先，规范采购流程是构建高效采购体系的基础。这要求企业建立一套科学合理的采购政策和程序，包括供应商的选择与评估、采购需求的审批、合同的谈判与签订等各个环节。通过设立明确的标准和流程，可以有效避免个人决策的随意性，减少因信息不对称或决策失误导致的成本增加或质量不达标问题。同时，加强对供应商的绩效评估和动态管理，不仅能促进供应链的稳定性和效率，还能在长期合作中享受更优惠的采购条件。

其次，防范采购与付款过程中的差错与舞弊是保障企业资产安全的重要防线。这涉及内部控制系统的设计与执行，比如实施分离职责原则，确保采购申请、审批、执行、验收及付款等职责由不同人员或部门承担，以减少舞弊机会。此外，利用信息技术手段，如 ERP 系统，实现采购业务的信息化管理，可以增强透明度，便于追踪和审计，及时发现并纠正错误和异常交易。

确保商品或劳务满足生产销售需求并在合理时间内以最优价格获取，是提升企业市场竞争力的关键。这需要采购部门与生产、销售等部门紧密协作，通过精准的市场需求预测和库存管理，优化采购计划，避免过度库存或缺货情况。同

时，运用谈判技巧和市场分析，适时参与集中采购、长期协议等方式，争取更有利的价格和支付条件，从而降低成本，提高资金使用效率。

准确反映企业对外负债情况，是维护企业信誉和财务健康的前提。企业应建立健全的会计核算体系，对采购产生的应对账款进行及时、准确的记录和报告。通过定期对账，确认应对账款的准确性，防止遗漏或重复支付，确保财务报表的真实性与合规性。

最后，合理揭示采购业务中所享有的折扣与折让，不仅有助于降低实际采购成本，还能体现企业的财务管理能力和成本控制水平。这些优惠条件应当被充分识别、计量并记录在财务记录中，作为评估采购绩效和制定未来采购策略的依据。

二、采购与付款循环的业务流程与信息流程

(一) 采购与付款循环的业务流程

1. 请购

企业生产或管理部门根据生产经营需要和仓储情况，按照采购预算或采购计划提出请求采购的申请。审批人按照相关规定对请购单做出审批。

2. 订货

采购部门依据经批准的请购单向符合信用标准的供货商采购订货。

3. 验收

采购的物资抵达后，应按照订单或合同进行验收，并在验收单上记录验收的情况，确保实际收到的商品与订单或合同规定相一致。然后将物资运送到商店或工厂车间。

4. 付款

财会部门收到供货商转来的发票及银行的结算凭证后，认真地检查发票的详细内容，并与入库单、订货单核对一致后办理付款结算手续，支付货款。

5. 记账

财会人员根据上述有关原始凭证，及时编制记账凭证并据以登记总账、明细账和相关账簿。

（二）采购与付款循环的信息流程

1. 请购单

企业按照采购计划或采购预算，由仓储部门或领用部门根据需要提出并填写请购单，经过各部门负责人批准后，递交给采购部门，作为申请购买商品、劳务或其他资产的书面凭证。

2. 购货订单

购货订单是由采购部门和供应商共同签订，说明购买指定物资的书面凭证，也称采购合同。购货订单应当包括如下信息：采购数量、规格、价格及相关费用、结算方式和期限等。

3. 验收单

验收单，也称入库单，是由仓储部门或收货部门在收到货物时，进行验收和检验所编制的凭证。验收单一式四联（或一式多联）：一联给仓储部门；一联给采购部门用于与订单核对；一联给财会部门用于与发票核对；一联留存。

4. 供应商发票

供应商发票是由供应商开具，交给买方以证明提供货物等事项的凭证。财会部门收到后，将其与验收单、订单等核对一致，据此记账并办理结算手续。

5. 付款凭单

付款凭单是由财会部门根据订单、验收单和发票编制的授权证明文件。付款凭单供内部使用，是记录采购业务的基础，也是付款的基础。

6. 转账凭证和付款凭证

转账凭证和付款凭证是财会部门根据上述各种原始凭证编制的、记录企业采购业务和付款业务的记账凭证。

7. 材料采购和应对账款明细账

材料采购和应对账款明细账是财会部门根据验收单、供应商发票及记账凭证记录采购明细账，根据应对款项变化的情况记录明细分类账。

8. 现金和银行存款日记账

现金和银行存款日记账对于用支票结算的，应记录银行存款日记账；对于用现金结算的，应记录现金日记账。记录依据是付款凭单、支票存根及付款记账凭证。

9. 对账单

对账单是用来核对交易双方债权债务的单据，一般由供应商提供，需要买方核实确认。

三、采购与付款循环的岗位分工与授权管理

（一）岗位分工

1. 请购与审批

商品采购由生产、销售、仓库及其他职能部门根据其需要提出，并经分管采购工作的负责人进行审批，审批人不能超越权力审批，由采购部门组织采购。

2. 询价与确定供应商

采购部门与使用部门共同参与询价程序并确定供应商，不能由采购部门单独完成询价与确定供应商工作。

3. 采购合同的订立与审计

由采购部门下订单或起草购货合同并由授权部门或人员审核、审批或适当审计。

4. 采购与验收

采购部门不能进行货物的验收工作，应由专职人员或质检人员进行。

5. 采购、验收与相关会计记录

商品的采购、储存保管人员不能担任会计记录工作，以减少误记商品数量金

额的可能。

6. 付款审批与实际付款

付款的审核人应与付款的执行人职务相分离。记录应对账款的会计人员不能同时担任出纳职务，支票的签字和应对账款的记账应相互独立。

（二）授权管理

①明确审批人对采购与付款业务的授权审批方式、权限、程序、责任和相关控制措施，规定经办人办理采购与付款业务的职责范围和工作要求。

②审批人应当根据采购与付款循环授权批准制度的规定，在授权范围内进行审批，不得超越审批权限。

③经办人应当在职责范围内，按照审批人的批准意见办理采购与付款业务。对于审批人超越权限的审批，经办人有权拒绝办理，并及时向审批人的上级授权部门报告。

④对于重要的、技术性较强的采购与付款业务，应当组织专家进行论证，实行集体决策和审批，防止出现决策失误。

⑤不允许未经授权的机构或个人经办采购与付款业务。

⑥企业应当按照规定的程序办理采购与付款业务，并在各环节编制相关的记录，填制相应的凭证，建立完整的采购登记制度，加强请购手续、采购订单、验收单、入库凭证、采购发票等文件和凭证的相互核对工作。

四、采购与付款循环内部会计控制的具体要点

（一）常见的错弊

1. 盲目采购或采购不及时

采购部门或人员没有按照采购计划或请购单进行采购，造成超储积压或供应脱节。其原因：一方面可能是控制制度不健全，对需求和市场估计不足；另一方面可能是采购人员故意所为，以满足个人私利。

2. 采购中价格不实

由于采购价格不透明，采购人员在采购时接受各种形式的回扣是较为普遍的现象，这就导致采购价格虚高、虚开发票、截留资金，采购质量难以保证。

3. 验收不严格

验收人员不认真核对采购物资的质量和数量或对验收时发现的问题未能及时报告。其原因主要是验收人员玩忽职守、对控制制度认识不足，存在以少报多、以次充好、人情过关等现象，也容易诱发采购人员舞弊。

4. 付款控制不严格

采购结算时，审核不严或单证不齐就付款，或应对账款管理混乱，导致重复付款、货款流失。

（二）采购与付款循环内部会计控制的要点

①采购、验收、储存、会计与财务部门在人员安排及职责分工等方面应相互独立、实行不相容岗位的相互分离。采购与付款应经上述部门进行相应的确认或批准。

②一切购货业务，应编制购货订单，购货订单应通过采购及有关部门如生产、销售等部门的签单批准。订单的副本应及时提交会计、财务部门。

③收到货物并验收后，应编制验收单，验收单必须按顺序编号，验收单的副本应及时送交采购、会计部门。

④收到供货商的发票后，应及时送给采购部门，采购部门将发票与购货订单及验收单比较，确认货物种类、数量、价格、折扣条件、付款金额及支付方式是否相符。

⑤会计部门将收到的购货发票、验收单、结算凭证与购货订单、购货合同等进行复核，检查其真实性、合法性、合规性和正确性。

⑥实行付款凭单制。有关现金支付须经采购部门填制应对凭单，并经各有关部门及人员授权批准后方可支付货款。

⑦已确认的负债都应及时支付，以便按规定获得现金折扣，维护同供应商的

良好关系，增强企业信用。

⑧应对账款总分类账和明细分类账应按月结账，并且相互核对，出现差异时应编制调节表进行调节。

(三) 请购的具体内部会计控制

企业应当建立采购申请制度，依据购置的物资或劳务类型等，确定归口管理部门，授予相应的请购权，并明确相关部门或人员的职责权限及相应的请购程序。

企业可以有各种不同的请购制度，并根据不同的请购内容采用相应的控制程序和控制制度。请购环节主要关注采购申请控制和审批控制两方面的控制。企业要按照以销定产和库存合理的原则，根据预算和实际需要及时请购，超过一定金额的采购需求必须由采购部门统一进行，领用部门不得自行采购；审批人员根据职责、权限和程序对采购申请进行审批。对不符合规定的采购申请，审批人应要求请购人员调整采购内容或拒绝批准。

具体来说，采购决策制定后，随着三联请购单的编制，采购与付款循环从仓储或生产部门开始。请购单是由仓储或生产人员向采购部门做出的一个内部书面的关于商品和劳务采购的请求书，第一联发给采购部门，第二联发给付款部门以便将来核对，而仓储部门保留第三联，以便与采购部门的购货订单和收货部门的验收单核对。

在制造业企业里，请购单最初是由仓库经理、个别使用部门或者生产部门形成的。在这些部门里只有特定人员可以申购，而且在许多情况下都有一个上限（按金额计），超过限制就要获得上级的批准。

由于请购单来自各个部门，每份请购单必须由相关部门的主管人员签名。请购单一般不预先编号，因为它们是从企业里众多的部门中形成的。

如果由计算机保存存货记录，企业通常的做法是设计一个程序，当存货水平降低到一定数量或者达到了一定生产水平，计算机就能自动地生成请购单；还可以用同样的程序自动地记录与采购有关的负债和费用。

企业请购的各相关部门应该加强对请购需求的审核、管理，确保请购需求的依据充分、要求合理，请购单填制正确，同时，还要加强采购预算管理。对于预算内采购项目，具有请购权的部门应严格按照预算执行进度办理请购手续；对于超预算和预算外采购项目，应当明确审批权限，由审批人员根据其职责权限以及实际需要等对请购申请进行审批。

（四）订购的具体内部会计控制

1. 供应商控制

对于大多数的企业来说，通常都有许多核准的供货商。企业应通过一定的选择标准确定供应商，包括建立供应商选择标准、供应商选择机制和供应商选择程序。既要考查供应商的信用状况，更要从企业的战略角度出发，考虑物资供应的长期、稳定性。企业应当充分了解和掌握供应商的信誉、供货能力等有关情况，采取由采购、使用等部门共同参与比质比价的程序，并按规定的授权批准程序确定供应商。

2. 购货订单控制

请购一旦批准，就可以用请购单来编制预先编号的多联购货订单。购货订单是从一个企业向另一个企业发出的购买货物和劳务的书面要约。购货订单只能在采购部门确信他们可以从有信用的供货商那里获得有利条款的货物之后签订。多联的购货订单应该包含所有要顺利完成订单所需的信息（如数量、品名、价格、条款、地址和发货说明等）。企业至少应该编制五联的购货订单：第一联给供应商，而其他几联给付款部门、仓储部门和收货部门。第五联应由购货部门保留，用来与收货单核对。需要注意的是，在大多数企业里通常的做法是从收货部门的购货订单联上删去订货的数量，由此促使收货人员认真盘点收到的货物。在计算机操作系统中，可以在计算机里保存公开的购货订单文件。此文件可以在后续步骤用来与验收单据核对是否一致。

购货订单是授权执行并记录经济业务的凭据，因此对它的控制非常重要。主要有：每份订单都要预先编号，以确保日后能完整保存和进行会计处理；在订单发出前，必须有专人检查订单是否得到授权人的签字以及是否存在核准的请购单作为凭证，以确保订单的有效；由专人复查订单的编制过程和内容，以保证订单的正确性；订单的副本应提交请购部门以证实订单内容符合他们的要求，同时提交收货部门以便于他们掌握验收标准。

3. 采购价格控制

企业还可以采用订货合同、直接采购等方式进行采购。采购订单或合同中，价格是最容易出现问题的部分。采购价格控制同样要从定价标准、机构、程序、授权与批准等方面进行控制。确定采购价格要经过询价、比价、议价和定价等程序。定价可以分别采用议定、公开市场确定、招标定价等方式。

4. 采购时间和数量控制

从请购到采购物资入库所经历的期间为采购时间。对采购时间的控制，主要是防止生产停工待料，或存货过多闲置造成资金浪费。企业还要根据资金周转情况和利率、储存成本和费用、采购价格优惠、消耗方式以及缺货风险等，科学计算和决策最佳经济采购批量。采购部门应运用经济批量法进行采购，并将采购数量与时间及时通知仓储和生产部门。

（五）验收的具体内部会计控制

为了达到控制目的，货物的验收应由独立于请购、采购和财会部门的人来承担。收到货物后，应将供货商的发货单和收货部门的购货订单联核对一致。验收主要从凭证审核、数量检验和质量检验等方面进行。收货控制具有双重作用，既要控制采购环节的业务活动，也要控制存货的管理工作。

收货部门的控制责任主要在收到货物的质量和数量方面。收货部门具有收货、盘点、验收和接收货物的权利。收到的货物应该被临时地储存在指定的区域，保持控制并有助于执行以上的各种检查。任何购货订单和收到的货物之间的差异都应该在购货订单和供货商的发货单上注明，并且得到发货人的认可。

记录了收货的数量后，签名的购货订单联就可以作为验收单，或者单独编制预先编号的多联验收单。收货部门要在收到货物时编制验收单，注明从供货商那里收到货物的数量、种类和状态。

无论使用哪种方法，验收单的第一联，连同供货商的发货单应送到财会部门，这联表明货物已经收到，因此要记录相应负债；验收单的第二联应由收货部门保留，用来与收货部门的购货订单联核对一致；验收单的第三联发回购货部门，用以通知他们所订货物已收到；验收单的第四联连同货物应该送到仓储部门或生产部门，第四联应该与仓储部门或生产部门的请购单和购货订单联核对一致，核对一致后，要更新存货卡片。完成了收货、盘点和验收后，采购的存货可以运送到仓储部门或直接送到工厂。

对于验收过程中发现的异常情况，负责验收的部门或人员应当立即向有关部门报告，有关部门应查明原因，及时处理。

在某些控制制度中，提交收货部门的购货订单副本中的数量常常被删去，以便提高收货人独立确定数量的可能性，防止收货人不经检验就根据购货订单上的数量来填制作为其检验结果的控制文件——验收单；而有些控制制度则要求两个收货人在验收单上签字来防止这种情况的发生。

（六）付款的具体内部会计控制

1. 应对账款入账前的审核与控制

应对账款是企业购买材料、商品、物资或接受劳务等而应对给供应商的款项。应对账款的真实与否对企业财务状况有较大的影响。同时，债务人的应对账款即为债权人的应收账款，任何应对账款的不正确记录和不按时偿还债务，都会导致债权人和债务人的债务纠纷。所以，应加强应对账款的管理和内部会计控制。应对账款的内部会计控制制度主要包括以下内容：

（1）应对账款必须由专人管理

应对账款的管理和记录必须由独立于请购、采购、验收、付款职能以外的人员专门负责，实行不相容岗位的分离。应当按付款日期、折扣条件等规定管理应对账款，以保证采购付款内部控制的有效实施，防止欺诈、舞弊及差错的发生。

（2）应对账款的确认和计量必须真实可靠

应对账款的确认和计量必须根据审核无误的各种必要的原始凭证。这些凭证主要是供应商开具的发票、验收部门的验收单、银行转来的结算凭证等。负责应对账款管理的人员必须审核这些原始凭证的真实性、合法性、完整性、合规性及正确性。

(3) 应对账款必须及时登记

负责应对账款记录的人员应当根据审核无误的原始凭证及时登记应对账款明细账。应对账款明细账应该分别按照供应商进行明细核算，在此基础上还可以进一步按购货合同进行明细核算。

(4) 应对账款必须及时冲抵预付账款

企业在收到供应商开具的发票后，应该及时冲抵预付账款。

(5) 正确确认、计量和记录折扣与折让

企业应当将可享受的折扣和可取得的折让按规定的条件加以确认、计量和记录，以确定实际支付款项的正确，防止企业可获得折扣和折让被隐匿和私吞。

(6) 应对账款的授权支付

已到期的应对账款应当及时支付，但必须经有关的授权人员审批后才能办理结算与支付。

(7) 应对账款的检查

按月向供货商索取对账单，将其与应对账款明细账或未付凭单明细表相互核对，如有差异应编制调节表调节并查明发生差异的原因。如果追查结果表明本企业无会计记录错误，则应及时与债权人取得联系，以便调整差异。向供应商索取对账单并进行核对调节的工作应当由会计负责人或其授权的、独立于登记应对账款明细账的人员办理，以贯彻内部牵制原则。

具体来说，就是从供货商那里收到发票后，应该马上签收，然后与请购单、购货订单和验收单的会计联核对一致。这种签收的过程，可以对交易过程的所有细节进行独立检查。

2. 应对账款支付的审核与控制

付款控制侧重于现金流控制。从手段上看，有流程控制、组织控制、岗位控制、凭证控制及制度控制；从内容上看，有零星采购备用金控制、款项支付控制、应对账款登记控制及现金折扣控制等。付款环节涉及供应商、采购、验收、仓储等职能部门及财会部门。

付款环节的控制流程主要表现为债权人请款、负责人审批、财会部门主管审核、与供应商对账、出纳付款等。企业应根据自身特点，安排适合企业经营管理的控制流程，并控制该流程的有效实施。

企业财会部门在办理付款业务时，应当对购货发票、结算凭证、验收单等相关凭证的真实性、完整性、合法性及合规性进行严格审核。符合要求的凭证才能据以付款，对于审核中发现不真实、不合法的原始凭证有权不予接受，并报告企业负责人；对于记载不准确、不完整的原始凭证予以退回，并要求有关经济业务事项的经办人按国家统一会计制度的规定更正、补充，待手续完备后再予以办理。

3. 应对账款支付的控制方法

（1）余额付款法

所谓的余额付款法是直接根据每个供应商应对账款明细账上的余额付款的方法。采用这种支付方法的最大优点是比较简单。但是，根据应对账款余额支付的最大不利之处在于，支付货款时，不再检查核对相关的供应商发票、送货单、验收单等有关原始文件，实际支付的应对账款和发票账单之间，以及采购商品的实际入库情况之间不存在一一对应关系，一旦发生差错或者付款纠纷，查找对账很困难，甚至根本不可能查找对账。

此外，如果对应对账款的入账源头把关不严，就有可能发生应对账款付过头的现象，也有可能导致内外勾结、以虚假的发票计入应对账款账、套取虚假货款却没有收到商品，使企业蒙受损失。

在余额付款法下，应对账款明细账的管理和应对账款的授权支付应当分别由不同的人来承担，授权人员综合考虑企业的付款政策、供应商的具体情况等因素以后，确定在什么时候、向哪个供应商、支付多少应对账款。一旦确定了应对账款的支付对象及支付金额以后，授权人员应当签发付款通知书。

付款通知书一式四联：一联由授权人员留存；一联作为付款通知书与有关支票或者其他支付凭证送交供应商；一联作为出纳员签发支票或者其他付款凭证的依据，出纳员据此登记银行存款日记账；一联由分管应对账款明细账的会计员作为登记应对账款明细账减少的依据。

如果应对账款是根据供应商应对账款余额支付，而不是根据每一份购货发票支付的，那么，负责管理应对账款的会计人员在准备支付应对账款时，应当事先编制一份应对账款支付明细表,将所有支付的供应商对象和相关的供货发票情况罗列清楚。该明细表一式两份,一份送交出纳员,另一份送交可以有权签名支付货款的授权人员。出纳员对付款明细表的内容审核无误后填写支票,但是无权签名付款。随后,出纳员将准备就绪的支票再送交至有关授权人员,该授权人员对付款明细表审核无误后,在出纳员准备就绪的发票上签名,支付货款。

余额付款法的付款控制过程,由3个当事人组成,管理应对账款的会计人员负责提出付款请求,并准备证明付款合理性的相关文件,随后进行双重审查;由出纳员审查付款的准确性,并准备好付款的支票;由授权人员审查付款的合理性,并在支票上签名付款。在这种控制程序中,会计人员、出纳员和授权人员的责任分工有利于减少工作中差错的可能性,也有利于防止付款过程中舞弊行为的发生。

(2) 一票一付法

为了克服余额付款法的弊端,可以建立一种一票一付的应对账款明细分类账体系。这一体系的操作思路归纳如下:多证相符——一票一账——逐行登记——同行注销。

多证相符是指严格控制应对账款的入账源头,只有发票、送货单、验收单几证相符的采购业务才可以登记应对账款明细账,缺少其中任何一种单据都不得登记应对账款。

一票一账是指对每一个供应商发生的每一笔采购业务,在多证相符的情况下,编制一张记账凭证,在应对账款明细账中登记一笔账。

逐行登记是指由于对某一供应商的商品采购而发生的应对账款在该供应商的应对明细账中逐行序时登记。

同行注销是指应对账款的支付不是根据某一供应商应对账款明细账的余额,而是根据已经入账的每笔应对账款的发票金额支付应对账款,一笔应对账款支付以后,支付的应对账款应当在与发生的相关应对账款的同一行内予以注销。每一行借方登记的应对账款支付数不超过同行贷方已经登记的应对账款发生数。

在这种付款制度下,应对账款的支付由专人审核有关供应商发票、送货单、验收单等原始单据以后才可以签发应对账款支付单。应对账款支付单一式四联:

第一联由签发人留存；第二联作为出纳签发支票或者其他支付方法支付货款的依据；第三联与支票存根或者其他支付凭证一起作为应对账款记账员登记应对账款减少的依据；第四联作为付款通知书与支票或者有关付款结算凭证送交供应商。

如果使用计算机系统，"应对账款支付单"可以直接由授权人员输入系统，"应对账款支付单"上的详细情况被记录在计算机里面，同时将"应对账款支付单"的详细信息输入购货业务文件。购货文件中包括所有与这一"应对账款支付单"相关的商品发票、送货单、验收单等情况，购货文件对"应对账款支付单"的信息与原有的信息自动核对无误后，通过授权同意支付，同时更新购货文件中的应对账款明细账和有关总分类账。

如果企业采用的是一票一付应对账款的付款体系，则付款的依据是授权批准的应对账款支付单，具体过程在此不再重复。月末在计算机系统中，所有已经支付的应对账款，其发票、送货单、验收单、付款通知书等应当另外形成"已经付款文件"。未支付的应对账款，其发票、送货单、验收单等应当另外形成"未经付款文件"，它们的合计应当与应对账款总分类账中的金额核对相符。

为了满足一票一付法的核算需要，应对账款明细账的格式要做相应的调整。

在一票一付法下，所有与应对账款有关的单据实际上都进行了二次审核，即应对账款入账时审核了一次，应对账款支付时又审核了一次，而且应对账款贷方登记的实际支付金额不能超过同行借方实际登记的发生数，这样就能够充分保证应对账款记录和支付的准确性，同时防止支付过程中的舞弊行为。

（3）支票准备和签名

不管采用什么样的形式向供应商支付货款，在支票准备和签名上必须严格予以控制，这一类控制至少应当包括下列内容：

支票应当事先编号。支票由出纳员负责保管并按照填写要求进行填写。只有在证明付款合理性的所有原始文件都具备的条件下出纳员才有权利签发支票。支票签发至少要二次复核签名，第一次复核的资料由应对账款会计员或者凭单登记员提供，第二次复核在第一次复核的基础上进行。一旦支票被支付，所有与支付相关的原始凭证上都要盖上"已支付"的印章。

支票一旦签发，具有法定付款效力以后，应当立即直接送交授权收款的人员,签发准备支票的出纳员和授权签名的授权人员就不能再接触这张支票。

4. 应对账款的对账

应对账款的对账工作由以下两方面的内容组成:

首先,将应对账款明细账与应对账款总账核对,做到账账相符。如果根据应对账款余额付款方法支付货款,应当将应对账款明细分类账与应对账款总分类账核对相符,如发生差异,及时查明原因并采取相应的处理措施。采用一票一付付款的对账方法基本上与余额付款法一样,只是应对账款明细账上的余额计算稍微复杂一些。

其次,将库存商品二级明细分类账、三级明细分类账、库存商品卡片账定期核对相符,做到账账相符、账实相符。

第二节　存货与生产循环的内部会计控制

一、存货与生产循环的内部会计控制目标

存货与生产循环作为企业内部管理的核心环节,其顺畅运作直接影响到企业的盈利能力、成本控制以及市场响应速度。确保存货的安全、生产活动的可控性以及成本效益最大化,是该循环管理的三大基石。在此基础上,企业需深入细化控制目标,以实现全面而高效的运营管理。

首先,生产活动应基于严格的授权机制进行,这意味着任何生产任务的启动、调整乃至终止,都需经过相应的审批流程,确保生产计划与企业战略目标一致,避免资源的无序投入和浪费。这一机制强化了管理层对生产活动的监控能力,为灵活应对市场变化提供了制度保障。

其次,成本记录的真实合法性是评价生产效率与盈利能力的基础。企业需建立健全的成本会计系统,从原材料领用到产品完工入库的每一个成本发生点,都应准确记录并归集成本,确保成本信息的客观性和可追溯性。这不仅有利于管理层做出准确的经营决策,也是对外报告符合会计准则要求的必要条件。

确保所有耗费及时计入成本，对于成本控制至关重要。这要求企业实施严密的内部控制措施，如定期盘点、成本差异分析等，及时发现并纠正成本计算中的偏差，避免因信息滞后而导致的决策失误。同时，这也是提高成本敏感度，促进成本节约文化形成的有效途径。

存货资产的安全与完整，直接关系到企业的资产质量和运营效率。企业应采取适当的实物控制措施，如设置安全库存标准、实施定期盘存制度、加强仓库安全管理等，以防损耗、盗窃或过期等问题。此外，利用现代信息技术，如条形码、RFID 等，可显著提升存货管理的精确度和效率，减少人为错误。

提高存货运营效率，意味着在满足市场需求的前提下，尽可能降低存货占用的资金成本和仓储成本。企业应通过科学的存货管理系统，实施适时制生产（JIT）、经济订货批量（EOQ）等先进管理方法，优化库存结构，加快存货周转，提升整体供应链的响应速度。

最后，保证实际存货与账面存货的一致性，是防止存货业务中差错和舞弊的关键。这需要内部审计和控制机制的有效运行，通过定期的实物盘点与账面核对，及时发现并纠正差异，确保财务报表的准确性和可信度，维护企业财务诚信。

二、存货与生产循环的业务流程及信息流程

（一）业务流程

1. 储存保管

仓储部门对验收入库的存货应按品种数量进行登记入账，对各种类型存货的摆放、收发等情况按流程登记。

2. 计划生产

通常，企业根据客户订单，或者基于历年销售，或者其他信息的预测情况安排生产，并利用这些信息编制成生产预算和随后的生产计划。企业生产计划部门制订生产计划，并交由被授权领导审批，经审批后安排生产部门进行生产。授权生产时应签发预先编号的生产通知单。

3. 存货的领用和发出

领用生产所需的原材料时，生产部门根据生产计划部门下发的生产通知单确定物料需求，填制领料单，报部门经理批准后，送仓储部门据以发货。仓储部门应按照批准的领料单将原材料发送到生产部门。

4. 开始生产

生产车间根据批准的生产通知单或其他方式组织生产，生产部门在收到生产通知单并领取原材料后，将生产任务分解到每一个生产工人，并按任务将原材料分配给生产工人，据以进行生产加工。

5. 成本核算

为了准确地计算产品成本，企业应按照一致性原则归集所发生的所有与产品生产有关的成本，产品的成本不仅包括原材料，还包括人工费用和其他费用。企业应当将材料费用和人工费用记录在相应的在产品账户或者成本中心。制造费用集中计入相应的成本中心后，及时分配计入在产品账户。

企业对所有的生产成本（直接和间接的）进行适当的分类，一般分为直接材料、直接人工、制造费用，即通常所说的料、工、费。企业对原材料的领用、在产品的生产过程、半成品的形成过程、产成品的完工都要有详细的记录和控制。

6. 产成品入库

完工的产品应及时交生产部门清点后转检验员验收并办理入库手续，或是将产品移交下一部门进一步加工，并在存货记录中准确地记录所有的产成品。产成品入库需由仓储部门先进行清点、检验并签收，然后将实际数量通知财会部门。包括产成品在内的所有存货入库后，仓储部门都要根据各类存货的不同性质，分门别类存放，并加以标识；保管人员根据入库单详细填写仓库货物登记簿并建立台账，及时掌握和反映产、销、供、耗、存情况，以便日后与供、销、财会等部门核对，保证账实、账卡相符。对于有毒、易燃、易爆等危险物品，要严格按照国家规定妥善保管。

7. 存货的盘存和计价

企业应定期对存货进行实地盘点，核实存货数量，并与存货记录核对一致，保证各项存货免受未经授权的使用或转移。在盘点时发现存货盘盈、盘亏的，应及时查明原因，分清责任，填写存货清查盘盈盘亏报告表，并及时送交相关部门。

（二）信息流程

1. 入库单

企业在自制存货完成后，生产部门应编制入库单，交给仓储部门、财会部门、生产部门分别持有。入库单应连续编号。

2. 领发料凭证

领发料凭证是企业为控制材料发出所采用的各种凭证，如材料发出汇总表、领料单、限额领料单、领料登记簿、选料单等。仓库保管人员对存货实行簿记管理，在保管单中详细记录存货的名称、规格、数量等信息。

存货出库时，应以生产或销售部门的领料单或出库单为依据。仓库保管人员确认单据的真实性后，按照核准的数量、品种发出存货，这一过程最好由两人共同完成。领料单应连续编号。

3. 生产通知单

生产通知单是企业生产计划部下达的制造产品等生产任务的书面文件，用以通知生产部门组织产品的生产，供应部门组织材料的发放，财会部门组织成本的计算。生产通知单要预先连续编号。

4. 产量和工时记录

产量和工时记录是登记工人或生产班组在出勤日内完成的产品数量、质量和生产这些产品所耗费工时数量的原始记录。常见的产量和工时记录有工作通知单、工序进程单、产量通知单、工作班组产量报告、产量明细表、废品通知单等。

5. 工资汇总表和人工费用分配表

工资汇总表是进行工资费用分配的依据。它是为了反映单位全部工资的结算情况，并据以进行工资结算、总分类核算和汇总整个单位的工资费用而编制的。

人工费用分配表反映了各生产车间和产品应负担的生产工人工资及福利费。

6. 材料费用分配表

材料费用分配表是用来汇总、反映各生产车间和各产品所耗费的材料费用的原始记录。

7. 制造费用分配表

制造费用分配表是用来汇总反映各生产车间和各产品所应负担的制造费用的原始记录。

8. 成本计算单

成本计算单是用来归集某一成本计算对象所承担的生产费用，计算该成本计算对象的总成本和单位成本的记录。

三、岗位分工与授权管理

（一）岗位分工

岗位责任制是存货与生产循环控制的关键。明确相关部门和岗位的职责权限，确保办理存货与生产循环的不相容岗位相互分离、制约和监督，是存货与生产循环控制的基础。在存货与生产循环的每一个环节设置相应的岗位。包括验收、保管、发料、清查、会计记录、处置审批等。企业应实行岗位责任制，明确相关部门和岗位的职责、权限，确保不相容岗位的相互分离、相互制约和相互监督。

存货与生产循环不相容岗位主要包括存货的保管与清查、存货处置的申请与审批、薪酬支付单的编制与分配、成本费用预算编制与审批、成本费用支出审批与执行、成本费用支出执行与相关会计记录等。

企业不得由同一部门或个人办理存货与生产循环的全过程业务，应当配备合格的人员办理相关业务。办理存货与生产循环的人员应当具备良好的职业道德和业务素质。

企业应当按照材料的验收入库、产品的验收入库、存货的仓储与保管、存货的领用与发出、薪酬计算等环节办理相关业务，并在各环节编制相关的记录，填制相应的凭证，建立完整的存货登记制度，加强各环节凭证和单据的核对工作。

（二）授权管理

企业应当建立存货与生产业务的授权批准制度，明确授权批准的方式、程序和相关控制措施，规定审批人的权限、责任以及经办人的职责范围和工作要求，严禁未经授权的机构或人员办理相关业务。单位应当制定科学规范的存货与生产的业务流程，明确存货的取得、验收与入库，仓储与保管，领用、发出与处置等环节的控制要求，并设置相应的记录或凭证，如实记载各环节业务的开展情况，确保存货与生产业务全过程得到有效控制。

企业存货与生产业务涉及的要素比较复杂，因此，往往实行授权后的分权管理，授权管理由以下环节组成。

购买原材料（包括低值易耗品、包装物等）的申请，要通过生产、财务等部门共同审批完成，收入存货过程中发生的资金收益和费用支出的办理需要经过财会部门的批准，因生产需要导致存货在企业内部的转移需要得到主管部门的批准，以相关的审批文件为存货转移的依据。

仓库管理部门进行存货保管人员配备时要得到高层管理部门的审批；存货储存地点的确定要经过生产技术部门的批准；存货储存成本的支出要得到财会部门的审核；存货离开储存仓库时，使用存货的部门或人员要出示授权审批材料，并应该取得仓库管理部门的批准；仓库管理部门在销毁有关存货簿记、备查登记等文件资料时，需要经过高层管理部门的批准，同时还要获得财会部门的同意。

稽核小组制订清点或盘点计划，确定清点时间、频率时要向有关主管部门报告，得到批准后才能实施；清点过程中确定存货盘盈、盘亏的处理方法需要得到主管部门的审批；主管会计人员对存货清点结果采取的会计核算方法要经过财会部门主管的批准。

使用存货之前，生产、销售等部门要向主管部门提出申请，各部门在使用存货时，要向仓库管理部门出具生产计划或者存货使用预算审批材料，仓库管理部门核对审批单上的要素后才能发出存货。日常零星使用存货要获得本部门主管的批准，企业应该制定存货使用的权限分配制度，明确规定各级部门主管的审批额度，对于超出审批权限的额度要经过上级主管的批准。仓库管理部门对存货保管的调整方案要经过主管机关的批准，并确定在此过程中出现问题的责任。主管会计初步拟订出存货发出的核算方法后，要向财会部门主管报告，以便综合考虑存货发出成本计算对企业总体经营活动的影响等。

四、存货与生产循环内部会计控制的具体要点

(一) 常见的错弊

1. 保管不善

保管不善是指没有指派专人对存货等资产进行严格的保管，使得不能及时发现存货的毁损变质等情况，缺乏相应的监督程序，导致账面记录的存货价值已经不能反映真实情况。

2. 收发控制不严

收发控制不严是指收发存货没有经过严格的授权审批控制，具有很大的随意性，出现多发或少发，或者没有通知会计部门及时记录，导致资产损失、账实不符。

3. 成本核算有误

成本核算有误是指对存货等资产的领用没有分类核算，导致相应的支出不能正确计入成本；成本核算缺少必要的复核，不能及时发现计算中出现的失误；虚列费用与支出，从而调节当年销售成本，操纵利润。

4. 销售成本结转不实

销售成本结转不实是指部分会计人员不能将成本在产品和完工产品之间进行正确划分，或者人为调节在产品和完工产品之间的划分比例，导致结转的销售成本不实，利润不实。

（二）存货与生产循环内部会计控制要点

1. 存货发出的内部会计控制

单位应当加强对存货领用与发出的控制。单位内部各业务部门因生产、管理、基本建设等需要领用原材料等存货的，应当履行审批手续，填制领料凭证。单位对外捐赠存货，应当履行审批手续，签订捐赠协议。捐赠对象应当明确，捐赠方式应当合理，捐赠程序应当可监督检查。单位运用存货进行对外投资，应当履行审批手续，并与投资合同或协议等核对一致。各单位应当建立存货处置环节的控制制度，明确存货处置的范围、标准、程序、审批权限和责任。单位处置残、次、冷、背存货，应由仓储、质检、生产和财会等部门共同提出处置方案，经单位负责人或其授权人员批准后实施。单位应当组织相关部门或人员对存货的处置方式、处置价格等进行审核，重点审核处置方式是否适当，处置价格是否合理，处置价款是否及时、足额收取并入账。单位应当建立健全存货取得、验收、入库、保管、领用、发出及处置等各环节凭证、资料的保管制度，并定期与财会部门核对，发现问题，及时处理。

厂部计划部门一旦批准了某种产品的生产，应当编制生产通知单，生产通知单一式三联：一联由签发部门留存；一联转交生产车间，作为车间组织生产的依据；一联交仓储部门，作为仓储部门发料的依据。

生产车间在领用原材料时必须填制领料单，领料单要列示所需的材料种类和数量，以及领料部门的名称。领料单可以一料一单，也可以一单多料，通常需一式三联。仓库部门核对生产通知单以后向车间发料，领料单的一联连同材料交还领料部门，其余两联经仓库登记材料明细账后，送财会部门进行材料收发核算和成本核算。

2. 存货在生产过程中的内部会计控制

（1）生产成本控制的业务环节

企业应建立相应的生产成本控制制度，加强对生产成本的控制，降低生产成本；同时，应保证生产成本信息的准确可靠，为改进成本控制方法、进行成本控制决策提供信息。生产成本业务主要由生产部门负责。同时，还涉及计划、劳资和财会部门。

生产过程中发生的生产成本就经济性质方面看，主要包括外购材料、外购燃料及动力、工资和福利费及折旧支出等。业务程序一般经历以下环节：

第一，企业技术部门会同生产成本发生部门制定材料、动力等费用的消耗定额与开支标准。消耗定额与开支标准的作用有三点：首先，它们是编制生产成本计划，并将费用指标分解落实到生产成本具体发生部门的依据；其次，它们是企业日常运作过程中管理当局控制各项生产成本的依据；再次，它们是计划和财会部门分析成本差异的依据。

第二，用料部门根据生产计划和消耗定额填制领料单，经部门主管人员审核签字后，据以领料；各个部门考核人员作出考勤和产量记录，经由各个部门负责人员审核签字后，送交财会部门，作为计算工资、提取福利费及分配工资费用的依据；车间核算人员记录动力消耗情况，经过主管人员审核签字后作为分配动力消耗费用的依据。

第三，财会部门根据各部门经审核签字后的各项费用开支凭证，结合各部门费用限额办理各项费用的结算业务，同时汇集各项生产成本的原始记录进行审核汇总，并按照生产成本的经济用途计入有关账簿。

（2）生产成本的控制措施

为保证单位生产成本业务会计核算资料准确可靠，保证生产成本业务合法合规，保证生产成本支出经济合理，保证生产成本计价正确真实，企业应根据生产成本业务的特点以及生产经营对生产成本管理的要求，采取以下相应的控制措施：

第一，为保证生产成本业务符合授权要求，保证生产费用支出经济合理，企业各车间和职能部门需要开支的各项费用，在由专人填制有关凭证后，要经过车间或部门负责人员进行审查批准。对于超出限额或预算的费用开支则由上级主管人员审查批准。

第二，为保证生产成本业务合规合法，保证生产成本业务核算准确，企业仓库保管人员应认真复核经过批准的领料单的领料数量是否超过限额、手续是否齐全，再在领料单上签章并据以发放材料；劳资部门复核车间和其他职能部门转来的考勤记录、产量记录等原始记录后，签发由财会部门提供的工资结算单；财会部门检查各种以货币资金形式支付的综合性费用支出是否超过限额或预算、手续是否齐全后，办理货币资金结算。超过计划或预算的费用开支，应检查是否经过适当的批准手续。

第三，为保证生产成本业务记录有效，保证生产成本业务核算准确，企业财会部门有关人员应分别审查由采购、劳资等部门转来的各项费用开支原始凭证及转账凭证基本要素的完整性、处理手续的完备性、经济要素的合法性、计算要素的正确性，并签字盖章以示审核。

第四，为保证证证、证表相符，保证生产成本业务记录完整及账务处理正确，企业在记账前，稽核人员审核材料发出汇总表、工资结算汇总表、固定资产折旧计算表及其他费用支出原始凭证基本要素的完整性、处理手续的完备性、经济要素的合规合法性、计算要素的正确性；审核转账凭证基本要素的完整性、处理手续的完备性、其所反映的费用归集要素和金额与原始凭证的一致性，并签字盖章以示稽核。

第五，为保证生产成本业务有据可查，保证生产成本业务账簿之间相互制约和及时提供准确的生产成本核算信息，企业生产成本明细账主管会计根据原始凭证或记账凭证及时登记生产成本等明细账，登记完毕后，核对其发生额与原始凭证或记账凭证的合计金额，并签字盖章以示登记。生产成本总账会计根据记账凭证登记生产成本总账，登记完毕后，核对其发生额与记账凭证的合计金额，并签字盖章以示登记。

第六，为保证账账相符，保证生产成本业务账务处理正确及会计资料准确，企业应在稽核人员监督下，生产成本明细账主管会计与生产成本总账会计定期核对生产成本明细账与生产成本总账的发生额和余额，并相互取得对方签证以示对账。

3. 成本核算系统的内部控制制度

（1）建立产品成本的核算制度

产品成本的核算制度，是指将一定期间的生产费用，按各种产品进行归集，并在完工产品和在产品之间进行分配，以求得各种完工产品总成本和单位成本的制度。产品成本核算制度包括以下内容：

第一，确定成本计算对象。成本计算对象是指为了归集和分配生产费用进行成本计算而确定的生产费用的承担者。包括产品品种、产品加工步骤、产品批别等。确定成本计算对象时，应考虑生产类型的特点和成本管理的要求。

第二，设置成本核算项目。成本核算项目一般包括直接材料、直接人工和制造费用（即通常所说的料、工、费）。企业可以根据自己的特点设置符合生产过程的一些成本项目，比如企业可以设置燃料和动力、废品损失等。

第三，确定成本计算方法。产品成本的计算方法有分批法和分步法两个基本方法。

产品成本的分批法适用于单件生产、可识别产品（如轮船或珠宝等）成本的核算。在这种方法中，材料和人工以实际支出分配计入或直接计入各批别产品成本，而制造费用通常使用预先设定的分配率计算分配额计入产品成本。

分步法适用于大批量连续式多步骤生产的产品成本核算（如纺织厂、炼钢厂等）。在分步法下，按产品的生产步骤归集原材料费用、人工费用和制造费用，会计期末按产品的生产特点分别采用逐步结转分步法或平行结转分步法计算结转完工产品成本和在产品成本。

必须指出的是，一个企业采取的成本计算方法不是唯一的，因为企业在从事产品生产的过程中，由于生产特点和管理要求不同采取的成本计算方法也不完全相同。所以，企业可以根据自身特点以一种成本计算方法为主，结合其他几种成本计算方法的某些特点而综合应用。

（2）成本核算内部会计控制的内容

为保证产品成本计算的准确可靠，企业应根据生产过程的特点以及经营管理的要求，在生产成本核算过程中设置以下控制点，并采取相应的控制措施。

第一，企业财会部门根据审核后的领退料凭证、工资结算单以及其他有关费用的原始凭证，按照费用的用途归类，划分应计入生产成本的费用和不应计入生产成本的费用，并按照成本项目编制各项费用汇总表和分配表。

第二，企业财会部门应会同生产部门定期清查盘点产品，核实产品数量，确定产品完工程度，及时处理盘亏盘盈及报废的产品，编制产品盘存表。

第三，企业财会部门成本核算人员应在规定的时间内，根据各项生产费用汇总表和分配表以及在产品盘存表，把已经发生应归入生产成本的生产费用在各个期间、各种产品以及完工产品和在产品之间进行分配，计算出完工产品的总成本和单位成本，并编制生产成本计算单。

第四，企业财会部门主管人员应在生产成本计算出来之后，检查成本核算方法是否适当、分配方式和分配比率是否合理、核算程序是否合规、计算结果是否正确，对比已经计算出来的生产成本与计划成本或上期实际成本，检查是否存在差异。复核无误后，在生产成本计算单上签章以示复核。

第五，企业财会部门主管会计根据复核的生产成本计算单，编制生产成本汇总表，填制有关记账凭证，及时结转生产成本，并根据生产成本计算单及有关科目余额编制成本报表。

第六，建立生产成本的差异分析制度，产品成本计算无误以后，相关人员应及时分析实际成本和标准成本之间的差异，找出原因，提出改进措施。

第三节　销售与收款循环的内部会计控制

一、销售与收款循环内部会计控制的目标

销售与收款循环是指与形成销售以及向客户收款有关的全部活动。它是企业的主要经营业务之一。销售与收款循环使一个企业能够获取收入，而收入就是企业获取利润的基础。由于销售与收款循环包括形成销售以及向客户收款相关的全部活动，涉及的部门多、环节多，再加上销售收入确认的复杂性和应收账款回收的风险性，销售与收款循环更容易产生舞弊行为，因此控制销售与收款业务具有重要意义。

销售业务是企业经营活动的重要环节。企业的获利、经营成果的大小更多地体现在销售环节，搞好销售环节的内部会计控制对整个内部会计控制系统来说是至关重要的。

在销售与收款循环中,控制目标是确保所有来自营业活动的收入都能适当地确认、记录、整理和存入银行,防止出现差错和舞弊。具体讲,也就是确保销售收入真实合理,企业货物安全完整,销售折扣、退回合理适度,及时、足额收回货款以及保证货币资金的安全完整,保证销售业务顺畅有效地运行。

二、销售与收款循环的业务流程及信息流程

(一) 业务流程

1. 制订销售计划或销售预算

企业应根据生产能力和对市场需求的调查,确定销售计划或销售预算。

2. 接受客户的订单

企业通过市场促销等活动会收到客户的订单,客户的订单是规范销售行为的直接依据,一般由销售主管来决定是否接受客户订单。在接受订单以后,销售部门应进行登记,在核对客户订单的内容和数量,确定企业能够如期供货之后,编制销售通知单,作为信用、仓库、运输、开票和收款等有关部门履行职责的依据。

3. 授予信用

在市场竞争中,提供商业信用能够吸引客户、扩大销售。但为了减少因提供商业信用而带来的坏账风险,企业应对拟授信客户进行资金信用状况分析,从而对不同的客户提供不同的信用政策。由信用部门负责建立并及时更新有关客户信用的记录。对于新客户,应进行必要的信用调查,确定信用额度,并经企业主管人员核准。客户在这一限额范围内的购货,信用部门有权批准;超过这一限额则应由信用部门根据授信额度的有关记录来确定是否批准赊销;对于批准赊销的客户,信用部门应在销售通知单上签字以示认可。

4. 发货

仓库根据信用部门核准的销售通知单发货,并编制发货凭证,如出库单等。发货凭证也是登记账簿、开具发票的依据。交货有提货制、发货制、送货制等多

种方式。

5. 开具发票

在销售订单、销售通知单、出库单（或提货单）等核对相符的前提下，会计部门开具正式的销售发票。

6. 记录销售

开具发票之后，会计人员应编制相应的记账凭证，并负责登记相应的应收账款明细账和总账、主营业务收入总账和明细账、库存商品总账和明细账等。

7. 收款并记录款项

根据约定的付款条件及方式向客户办理货款的结算，并根据商品销售及货款结算情况在现金或银行存款日记账和应收账款明细分类账中记录收到的款项。

8. 核对账册

核对应收账款明细分类账与应收账款总账并且编制定期核对报告。

9. 坏账处理

对确实无法收回的应收账款，经批准后可作为坏账进行处理。对已经冲销的应收账款，应在备查登记簿登记，以便在已冲销的应收账款日后又收回时进行会计处理。年末，根据应收账款的余额或账龄分析等方法确定本期应计提的坏账准备的数额。

（二）信息流程

1. 客户订单

客户订单是客户要求订购商品的凭证，一般由客户或由销售部门产生。如果来自客户则相当于订购单。企业有时由销售部门编制销售订单，该订单应反映商品的基本要素，如发货时间、发货地点、发货方式等，并列明经办人、审核人和核准人及合同号等。

2. 销售单

销售单（销货通知单）根据订单填列，应列示客户所订商品的名称、规格、数量、价格以及其他与客户订单相关的资料。销售单应连续编号，并由经办人、审批人等签名，如果发生赊销的，还应由信用审批人加注意见。销售单为销售方内部处理客户订单的重要依据。销售单应设置一式几联，销售、仓库、生产（以订单生产时）、财务等各部门留存，销售部门应对销售单内容做必要的记录。

3. 发运凭证

发运凭证（装运凭证）可以是发货单或提货单，是在发货时编制的，用以反映发出商品的规格、数量、品名、型号等。如果是由客户直接来销售企业提货的，则可根据提货单提货，提货单应加注销售方各职能部门的意见；如果是由销售方负责送运的，则可根据发货单发货并将其中的一联寄送给对方。发运凭证作为发货的依据，也是向客户开票收款的依据。

4. 销售发票

销售发票是销售方向购买方开具的票据，包括增值税专用发票和普通发票，销售发票载明已销售商品的型号规格、品名、数量、销售单价、金额、开票日期、付款条件、运费和保险费的价格等。销售发票一联寄送给客户，其余作为财务部门留存或记账依据。销售发票还是计税的重要依据，必须妥善保管，并在发票登记簿上予以详细记录空白销售发票。有的企业以收据替代销售发票，从控制角度，这时的收据也应连续编号并同发票一样设置一式几联。销售发票开出时，尚未收到货款的，应有对方回执，并注明未付货款。

5. 商品价目表

商品价目表列明销售企业各类商品销售单价，可提供折扣的情况。商品价目表作为价格清单，是销售企业的机密资料，不能随意向外透露，同时，如果销售政策有变化应及时修订价目表。

6. 贷项通知单

贷项通知单是用以表示由于销货退回或折让而引起的应收销售款减少的凭证，凭证格式同销售发票，但贷项通知单是一种销售企业内部凭证，故真正引起退货或折让时，往往需要对方将发票退回重开发票，或者凭对方证明（如果是增值税专用发票，尚需对方税务局开出证明）开出红字发票，予以冲销。

7. 应收账款明细账

应收账款明细账（包括应收票据明细账）是用来记录每个客户各项赊销、货款回收、销货退回及折让的明细账。应收账款明细账应由专职人员根据客户订单、销售单、发运凭证、销售发票以及记账凭证予以记录，对于存在预收款或预收定金销售货物的情况，应收账款明细记录应将预收款或预收定金冲销，以确保应收账款余额的正确性。应收票据明细账用来记录向客户收到的结算票据，包括本票、汇票等，明细账反映票据面额。

8. 主营业务收入明细账

主营业务收入明细账是用来记录销货业务实现收入的明细账，根据收入实现的判定条件（按不同销售结算方式），确定销货业务是否确认收入。对于采用赊销方式的，一般确认收入和确认债权同步。主营业务收入明细账应反映销售商品型号、规格、品名、销售单价、数量以及总金额等。对于退货的，应及时冲回已确认的主营业务收入。主营业务收入还应与主营业务成本保持配比，包括销售商品型号、规格、品名及数量上的配比。

9. 折扣与折让明细账

折扣包括现金折扣和销售折扣，前者是为了早日回收货款而给予客户的回扣；后者是由于客户购货数量较多，而给予客户的折扣。折让是由于销售商品品种、质量等不能满足客户需要，为了避免退货而给予客户的货款折让。折扣与折让明细账，作为主营业务收入明细账的备抵账户，应记录折扣与折让原因、金额等。

10. 汇款通知书

汇款通知书是客户在付款时寄回给销售企业的凭证，此通知书一般由销售企业在寄送销售发票时一并寄给客户。汇款通知书应注明客户的姓名、销售发票号码、销售企业开户账号以及金额等内容。

三、岗位分工与授权管理

（一）岗位分工

企业应当建立销售与收款业务的岗位责任制，根据从销售到收款的业务环节分别设立销售、发货、收款等岗位，建立销售与收款的岗位责任制，明确相关部门和岗位的职责、权限，确保销售与收款循环中不相容的岗位相互分离、相互制约、相互监督。

销售部门（岗位）负责处理订单、签订销售合同、执行销售政策和信用政策、催收货款；发货部门（岗位）负责审核销售发票等单据是否齐全，并办理发货；财会部门（岗位）负责销售款项的结算和记录、监督管理货款回收；有条件的单位可设立专门的信用管理部门，负责对客户进行信用调查、建立客户信用档案、核定客户信用额度、批准销售部门的授信申请、制定企业信用政策等。

企业不得由同一部门或人员办理销售与收款业务的全过程，单位销售与收款业务的不相容职务应包括以下几个方面：

①接受客户订单、签订合同应与最后付款条件核准的岗位相分离，即使由同一部门承办，也应由不同的人员来操作。

②对于信用政策必须由销售部门和信用部门同时批准。

③发货凭证的编制与发货、提取货物或托运货物不能是同一人，发货人与门卫保安相分离。

④开具发票与发票审核岗位应当分离，编制销售发票通知与开具销售发票分离。

⑤应收账款记录与收款岗位应当分离。

⑥催收货款与结算货款应当分离。

⑦退货验收的人员与退货记录的人员不能是同一人。

⑧折扣与折让给予与审批应当分离。

⑨单位不能由同一部门或人员办理销售与收款业务的全过程。

（二）授权管理

①明确审批人员对销售与收款业务的授权批准方式、权限、程序、责任和相关控制措施。

②单位应当建立健全合同审批制度，审批人员应对价格信用条件、收款方式等要素进行审批。赊销业务必须经过信用部门审批。销售价格、折扣等必须经过

授权批准。核销应收账款或确认坏账必须经过授权批准。

③规定经办人办理销售与收款业务的职责范围和工作要求。经办人应当在职责范围内，按照制度规定和审批人的批准意见办理销售与收款业务，对于审批人超越授权范围审批的销售与收款业务，经办人员有权拒绝办理，并及时向审批人的上级授权部门报告。

④对于金额较大或情况特殊的销售业务和特殊信用条件，单位应当进行集体决策，经过有审批权限人员的审批后方可执行，防止决策失误而造成严重损失。

⑤严禁任何未经授权的机构和人员经办销售与收款业务。

四、具体的内部控制要点

（一）常见的错弊

1. 发货控制混乱

由于货物发出没有合理的凭单控制，致使有的企业货物被侵占。例如，有的企业从车间直接发货，不办理入库、出库手续，货物被内部人提走；有的企业内外勾结，门卫又把守不严，仓库货物发生短缺等屡见不鲜。

2. 凭证控制不严

各种销售凭证管理不严，没有对销售单、装运凭证、发票等进行连续编号，而且没有建立完善的凭证保管制度，导致多计或少计销售，内部人员擅自涂改、销毁、伪造凭证，为不实记录、贪污舞弊提供了可能。

3. 授信不当

很多企业没有充分了解客户的信用情况，或内部没有建立合理的授信制度，或不严格按照信用标准越权批准授信，导致应收账款中大量坏账出现，企业不仅面临巨大的财务风险，而且应收账款的账面价值与实际严重不符，企业可能虚盈实亏。

4. 费用失控

销售费用没有有效的预算或控制措施，一些企业销售费用虚增，造成企业损失。

5. 调节利润

企业不遵循收入实现原则来确认收入，而是出于各种目的提前或推迟确认收入，甚至通过虚构确认销售收入来操纵利润。

（二）控制的具体要点

1. 客户订单合同管理

（1）订单审核

销售部门收到客户订单后，首先应送交企业的信用管理部门办理批准手续。对于老客户的订单，信用管理部门主要对本次订单的数量、价格等进行检查；如果客户订单所需要的数量突破历史记录，则信用管理部门应要求客户提供近期的会计报表，根据客户近期的财务状况决定是否接受订单。对于新客户的订单，信用部门必须要求其同时提供能够证明其资信情况的资料和会计报表。通过分析其资信情况和会计报表决定是否接受其购货订单以及允许的信用限额。无论是何种订单，涉及赊销的必须有经过信用部门主管或其他被授权人签字同意的书面文件才能办理；对于现销业务，订单审核较为简单，可以仅对订单数量、质量标准、发运方式等进行审核，但仍需有销售部门负责人的签字认可。

（2）订单记录

由于客户订单是销售成立的基础，因此，必须做好订单记录工作。销售部门应设置订单登记簿，对收到的每一份订单必须登记在订单登记簿上。就订单接受时间、数量、价格以及销售成交情况和客户支付情况等做记录，以积累客户资料，保证从中筛选出信誉优良、成交量大的客户。在业务成交后，对销售执行情况和客户支付情况也应在订单登记簿上作出记录。

销售合同和采购合同一样，也应确保合同条款公平、完整，销售企业应有合理的合同管理制度，包括合同签订、修改补充、取消、合同保管、传递、编号等，以订单取代销售合同的，应将订单统一管理。

具体来说，当接受了客户的外部销售订单后，负责销售订单的人员将会按照核准的客户清单来审查客户。如果该客户不在清单里，销售订单必须由一个有相应授权的高级管理人员批准，通常是销售经理，然后负责销售订单的职员会核实是否有现货供应，如果没有，那么货物是否能在客户所要求的时间范围内取得。

完成以上的检查后，一份预先编号的、多联的销售订单表也就填制完成了。销售订单表包括摘要、数量和其他与客户订单相关的信息。至少要编制六联的销售订单（称作销售订单包）。在每联销售订单发送到各相关部门之前，销售订单包首先要送到信贷部门批准，信贷部门批准后，销售订单包再返回到销售部门。

在六联的销售订单包中，第一联返还客户作为回执；第二联送到应收账款部门等待收取更多的凭据；第三联和第四联送到仓储部门，其中一联保留在仓储部门，另一联（和客户订单一起）用于批准提取货物以便装运；第五联送到运输部门来批准货物的发运；第六联由销售部门留存以便核对。

2. 货物发运的内部控制

货物发运环节的重要凭证是发货凭证。首先将事先经核准的客户订单各要素应记录在内部统一格式的发货凭证上，并确认所订货物有库存可销售；其次在发货过程中所需的各种授权和批准在发货凭证上应能得到印证，如信用授权、折扣授权、发货核准等；最后发货凭证应作为提货、装运、放行、记账、付款等的主要依据。因此，发货控制制度的重要环节就是要对发货凭证进行完善设计，包括格式、编号、传递路径等。

发货控制应按发货凭证上载明的发货品种、规模、发货数量、发货时间、发货方式组织发货，使实物流转与凭单流转相一致。从货物离开仓库或车间到达客户整个环节应确保货物的安全、高效。发货控制不仅涉及正常销售商品，还包括样品、赠品、搭售品、寄销品及展品等。

具体来说，仓储部门收到适当核准的销售订单联后才能发出货物。设计这个控制程序可以防止没有批准的货物从仓库中搬走。

运输人员只有将销售订单的仓库联和运输部门的销售订单联核对后，货物才可以提取发运给客户。核对无误后，填制完成预先编号的、多联的装运单，一般指提货单，提货单是一个多联的表格，列示了发货项目、运输说明事项以及作为承运人已经收到的货物凭证。

提货单至少要编制一式四联：第一联与货物一起送到客户手中；第二联发送给核准的承运人；第三联和客户订单、销售订单仓储联一起送到应收账款部门；

第四联和销售订单的运输联一起留在装运部门以备日后参考。

3. 客户退货的内部控制

(1) 销售退回的审批

为了维护单位的良好形象，当客户对商品不满意而要求退货时，单位应接受退货，但必须经过单位销售主管审批后才能办理有关手续。

(2) 销售退回的质量检验和清点入库

销售退回的货物需经质量检验部门检查验收，仓储部门清点后才能入库。质量检验部门应对客户退回的货物进行质量检验，并出具检验证明；仓储部门应在清点货物、注明退回货物的品种和数量后，填写退货接收报告单。退货接收报告单是对退回货物进行文件记录和控制的重要手段，它应当事先加以编号，在发生退货时填写。填制该报告单的人员不应当同时从事货物的发运业务。一切有关资料，如客户名称、退货名称、数量、日期、退货性质、原始发票号、价格以及退货原因和其他情况说明等，都必须记录在该报告单中。退货接收报告单应由独立于发货和收货职能的人员的监督和检查。

(3) 调查退货索赔

在接到仓储部门转来的退货接收报告单后，应由单位的客户服务部门对客户的退货要求进行调查。其目的是确定退回货物索赔的有效性和合理性，以及应给客户的合理和有效赔偿金额，客户服务部门在调查结束后应当将调查结果和意见记录于退货接收报告单上，提交给信用、会计、销售部门作为最后审核的依据。

(4) 退货理赔核准

退货理赔最终由销售部门核准决定。该核准以仓储部门的退货接收报告单、客户服务部门对退货调查的结果和意见为依据，对合理和有效的退货需要核准退货理赔手续，并将退货理赔意见签署在退货接收报告单上。

(5) 填制红字发票

销售人员应当根据验收报告和退货接收报告单填制一式多联的红字发票，红字发票经财会主管核准后，会计人员据以进行调整主营业务收入和应收账款或者进行其他有关账务处理。同时，财会部门应对检验证明、退货接收报告单以及退货方出具的退货凭证等进行审核后，办理相应的退款事宜。

4. 发票管理

销售发票是销售业务的真实记录，是收取货款的依据，如果在此环节缺乏有效的控制，将会导致舞弊行为或收入记录不实。销售发票的控制主要有以下几点：

(1) 授权控制

即发票开具人必须经过授权，任何未经授权的人员不得开出发票。

(2) 明确发票管理和领用制度

即指定专人负责发票的保管和领用，尤其是增值税专用发票。发票使用人领用发票必须签章，并注明领用发票的号码，以明确责任。

(3) 开具依据控制

销售发票应以客户订单、销售通知单以及信用核准单等为开具依据。在开具发票时必须依据销售通知单上的连续编号进行，以保证所有发出货物都开具了发票。开具过程中还应核对实际发运数量，保证所有发出商品已核实销售数量；核对客户名称，使之与客户订单相一致；核对发票价格，使之与价格目录或信用部门及销售部门批准的金额一致。

(4) 复核控制

建立发票复核制度，由独立于发票开具人的其他人员对发票的构成要素进行复核。

(5) 对发票总额应该加以控制

即对所有发票应定期给出合计金额，以便与应收账款或销货合计数进行核对。

(6) 使用和保留连续编号的发票

开票人员还应该使用和保留连续编号的发票，包括已作废的发票；独立于发运货物和开票人员的其他人员应该定期检查事先连续编号的销售发票和发货通知单。

具体来说，财会部门收到销售订单联后，与运输部门的销售订单、提货单和客户订单一起，审核无误后开具预先编号的、多联的销售发票。列明实际发货的数量、品种、规格、单价、金额和增值税税额。价格要根据企业的价目表填写，对需要经特别批准的价格应由有关人员批示。至少要编制一式三联的销售发票，第一联送给客户；第二联用来在销售日记账中记录，随后用来更新普通分类账；第三联和两联销售订单，一联提货单、一联客户订单一起送到应收账款部门用来编制应收账款明细分类账和客户月报表。

5. 应收账款的内部会计控制

（1）应收账款记录的内部会计控制

应收账款记录的内部会计控制主要有以下几点：

第一，按照客户情况设置应收账款台账，及时登记每一客户应收账款的余额增减变动情况和信用额度使用情况。定期编制应收账款余额核对表或对账单，每年至少一次向欠款客户寄发对账单。编制该表人员不能兼任记录和调整应收账款的工作。

第二，设置应收账款总账和明细账进行核算。应收账款总分类账和明细分类账应由不同的人员根据各种原始凭证、记账凭证或汇总记账凭证分别登记。

第三，应收账款必须根据经过销售部门核准的销售发票和发货凭证加以记录。

第四，企业对长期往来客户应当建立起完善的客户资料，并对客户资料实行动态管理，及时更新。

（2）应收账款客户的分析控制

第一，企业应当建立应收账款账龄分析制度和逾期应收账款催收制度。对催收无效的逾期应收账款应及时追加法律保全程序。

第二，对应收账款实行单个客户管理和总量控制相结合的方法。对应收账款实行单个客户管理，便于对账，可以了解客户的欠款情况、偿还情况及信用程度，及时发现问题，采取措施。对应收账款多、赊销频繁的单位，如果不能对所有客户进行单个管理，也可以侧重于总量控制，通过分析应收账款的周转率和平均收款期、实际占用天数、变现能力来判断企业的流动资金是否维持在正常水平上，以便及时调整信用政策。

第三，企业应当定期按照应收账款账龄来编制应收账款分析表。按照应收账款账龄分类估计潜在的风险，正确计算应收账款的实际价值。

(3) 应收账款收款控制

第一，各企业应在单位内部明确经济责任，建立奖惩制度。对从事销售业务的部门实行销售与收款一体化，将从销售到收款的整个业务程序具体落实到部门和有关人员。在对业务人员分解销售指标的同时，也要核定应收账款的回收率。对完成和超额完成指标的部门和人员给予奖励；对完不成任务的部门和人员扣发奖金甚至工资；对追讨回来的逾期应收账款，应该按照一定的比例对有关部门和人员进行奖励。

第二，规定赊销管理权限。企业内部应该规定销售人员、销售主管、销售经理等的赊销批准限额，限额以上的赊销必须由授权的更高级的管理人员根据赊销分级管理制度进行批准。单位要根据单位产品的不同市场要求，采取不同的赊销策略。对供不应求的产品，应该采取现金销售方式；对供大于求的产品或滞销的产品可以适当给予客户优惠的信用条件和信用政策。

第三，采取销售折扣的方式。销售折扣包括商业折扣和现金折扣，其目的是促使客户多购买企业的产品或早日付款，特别是现金折扣，它是加速应收账款周转、尽快回笼现金的一种重要的促销手段。折扣比例和信用期限是企业信用管理的重要方面，企业根据当期确定的信用政策，进行信用成本与收益的权衡，确定恰当的折扣比例和信用期限。现金折扣属于企业的理财行为，在折扣实际发生时，会计上把它作为财务费用处理。

第四，确定合理的信用政策。赊销期的长短、赊销额度的大小，直接影响单位产品的销售。各个企业要结合本企业的实际情况来分析利弊，确定合理的信用政策。

第五，对赊销期较长的应收账款，合同或协议条款必须清楚、严密。赊销期限越长，应收账款发生坏账的风险就越大。因此，企业在与客户签订合同时就必须对其收款方式和收款期限作出明确的规定，并对违约情况及其赔偿作出详细的规定。

第六，选择"硬"货币作为结算货币，避免外汇汇兑损失。在对外贸易中，汇率的变动往往会给企业带来较大的风险。因此，企业在取得债权、形成应收账款时，应该选择"硬"货币作为结算货币，以减少外汇汇兑损失；同时，要做好外汇市场的预测、分析工作，正确选择结算期，运用适当的方法转移外汇风险。

第七，对停止偿还欠款的客户，实行协议清算。当债务方非恶意拒付欠款时，企业可以作出进一步让步，重新签订还款协议，允许债务分期分批归还，以保证债权的诉讼时效。同时，加强各期催收工作。

收款后，客户的付款支票应由两人在场一起打开，并且在一个多联的客户汇款清单上登记。一个客户汇款清单列出了所有通过邮寄收到的现金收入，它可以用来核对银行存款单所记录的现金、应收账款明细分类账中记录的现金和普通分类账户中记录的现金。通常的做法是在销售当日给每一个客户发送汇款通知，然后汇款通知与客户的支票一起寄回。如果汇款通知没有随客户的支票一起收到，通常由打开邮件的人编制一份通知单。

客户汇款清单至少要编制一式三联：第一联和汇款通知一起送到应收账款部门；第二联送到一般会计部门更新相关的普通分类账（银行存款、应收账款和折扣费用）；第三联和支票一起送给出纳用来编制银行存款单，更新每日现金汇总表和现金收入日记账。

支票和出纳员的客户汇款清单联用来编制银行存款单和两联现金汇总表（实际就是现金收入日记账）。存款单和支票应一起送到银行。一联现金汇总表用来更新应收账款分类账，另一联用来更新普通分类账。

每天必须将所有收入全部存入银行，全部表示所有收入（现金和支票），在收到时都应存入银行，避免"坐支"现金（将没有存入银行的收入现金用于支出）。

手工会计记账系统中，在现金汇总表（或现金收入日记账）中记录客户付款应该由独立于总账和应收账款明细分类账的人来完成。

应收账款明细分类账应定期和应收账款总账进行核对，当应收账款明细表的总额和应收账款总账余额存在差异时，应该立刻调查。每个期末，应给每个客户发送月报表。

6. 应收账款坏账的控制

（1）坏账确认控制

企业对于账龄长的应收账款，应当报告决策机构，由决策机构进行审查，确定是否确认为坏账。企业对于不能收回的应收款项应当查明原因，追究责任。按照会计制度的规定，有确凿证据表明某项应收账款不能收回或收回的可能性不大（如债务单位已经撤销、破产、资不抵债、现金流量严重不足或者遭受严重的自然灾害，导致其在短时间内无法偿付债务等，以及3年以上的应收账款），应该确认为坏账。但是，下列情况不得将应收账款确认为坏账：当年发生的应收账款；计划进行重组的应收账款；与关联方发生的应收账款；其他已经逾期，但无确凿证据表明不能收回的应收账款。

（2）坏账批准的控制

对有确凿证据表明确实无法收回的应收款项，根据企业的管理权限，经股东大会或董事会，或经理（厂长）办公会议或类似的机构批准作为坏账损失。单位要制定严密的坏账批准程序，按照授权原则和方法进行坏账的审批。一般情况下，应由有关的业务部门对坏账进行确认后，报单位的最高管理层进行最终的审核和批准，而不能盲目地、任意地批准坏账，要慎重行事。

（3）坏账处理的控制

企业对发生的各项坏账，必须查明责任，并按规定的审批程序作出正确的会计处理：对于确实收不回来的应收账款，经批准后可以作为坏账损失，冲销计提的坏账准备，注销该项应收账款；已经注销了的坏账应当记录在备查登记簿上，做到账销案存；已注销的坏账又收回来时，要及时入账，并按照实际收回的金额，增加坏账准备，严禁形成账外账。

第四章 以公立医院为例分析其内部控制建设

第一节 公立医院内部控制建设概述

一、公立医院内部控制概述

(一) 公立医院的内涵及特点

医院是指为医疗服务对象提供特定的医疗服务的机构。对于公立医院的概念，从不同的角度具有不同的界定，可以从产权结构、社会职能等方面对其进行界定。政府成为医院资金链条中的主导者，医院的资金消耗被纳入国家财政预算体系中，由国家出资建设的医院就是公立医院。因此，公立医院具有公益性质，其职能是公共医疗。对于公立医院而言，其公益性是以公平和普及为基本表现方式的。首先，公立医院是政府主办的，资产归属于政府和人民，在资源配置的时候呈现出平等性，全体人民都享有享受对应医疗服务的权利；其次，公立医院的医疗服务是全体群众都可以享受的，在价格方面是普及大众的，其主要目标是实现医疗服务的满足。

公立医院具有以下特点。

1. 公益性

公立医院是由政府出资建设的，将其归为我国卫生事业发展的促进者、我国医疗服务体系的构建者，这是其基本的价值定位。公共卫生服务组织机构的公益性的要求为：树立预防医疗价值观；倡导处理好农村公共卫生服务和城市公共卫生服务之间的关系；兼顾中医和西医之间的关系；保证行政对于医疗服务的干预处于合理的状态；处理好营利性和非营利性之间的关系；参与到公共卫生服务体系、医疗服务体系、医疗保障体系的构建中去，使得人民群众享受到更加理想的医疗卫生服务。当然，也需要认识到：公益性与医院高效化运作之间是不矛盾的，要在提升公益性的同时，使公立医院的运作效率朝着更高的方向发展。

2. 非营利性

公立医院除了遵循公益性质、强化政府责任和投入外，还要正确定位自己。公立医院的社会定位是非营利性，简而言之，对于公立医院而言，社会效益才是其应该首先思考的问题，营利并不是其最终的落脚点，不要过度地关注医疗服务的经济效益。公立医院应该在提供更加低廉、更加优质医疗服务的基础上，实现创收。为群众创建更好的医疗卫生条件和场所，才是其需要关注的问题。

3. 多层次性

公立医院的规模是多样化的，其归属的层次也存在很大差异，多数时候我们会从医疗技术服务水平的角度对其级别进行划分，将医院分为一级医院、二级医院、三级医院。一级医院是基层医院，是初级卫生保健机构，可以直接为社区提供医疗、预防、保健、康复等综合服务，其主要功能是直接对人群提供一级预防，其主要牵涉农村乡镇地区的卫生所、卫生站、卫生院，地级市中的区域医院或者职工医院。二级医院是地区性医院，也是地区性医疗预防的技术中心，可以跨几个社区提供医疗卫生服务，其主要功能是参与和指导高危人群的监测，指导一级医院的业务技术。主要包括各市或者省区域的医院。三级医院在医疗服务、医疗教学、医疗科研方面都是比较先进的，其服务范围比较广泛，功能也比较齐全，对于各种疑难杂症的医疗解决方案也比较多样化，其主要牵涉城市大医院、医学院附属医院等。由于公立医院层次不同、规模不同，各公立医院的功能定位也各不相同。

4. 医疗服务性

世界卫生组织对于医院的界定，是从社会学和医学角度来阐述的，认为其功能在于提供完善的健康服务，其工作内容有医疗服务和预防服务。对于我国公立医院而言，其服务性质是十分明显的，以治病防病为主要目标，服务对象为病人，其医疗服务性就体现在为病人提供全方位的医疗健康服务。

(二) 公立医院内部控制的内涵

公立医院内部控制，是指在坚持公益性原则的前提下，为了实现合法合规、风险可控、高质高效和可持续发展的运营目标，医院内部建立的一种相互制约、相互监督的业务组织形式和职责分工制度；是通过制定制度、实施措施和执行程序，对经济活动及相关业务活动的运营风险进行有效防范和管控的一系列方法和手段的总称。

公立医院的内部控制过程是一个不断完善的动态改进过程。由于公立医院具有公益性的特点，因此，与其他事业单位相比，公立医院内部控制强调公益性原则。医院内部控制应当覆盖医疗教学科研等业务活动和经济活动，要把内部控制要求融入单位制度体系和业务流程，贯穿内部权力运行的决策、执行和监督全过程，形成内部控制监管合力。

医院内部控制应当以规范经济活动及相关业务活动有序开展为主线，以内部控制量化评价为导向，以信息化为支撑，突出规范重点领域、重要事项、关键岗位的流程管控和制约机制，建立与本行业和本单位治理体系和治理能力相适应的、权责一致、制衡有效、运行顺畅、执行有力的内部控制体系，规范内部权力运行、促进依法办事、推进廉政建设、保障事业发展。

二、公立医院内部控制的目标与要素

(一) 公立医院内部控制的目标

1. 保证医院经济活动合法合规

公立医院日常的经济活动，必须在法律法规允许的范围内进行，严禁一切违法违规的行为发生。为保障各项经济活动的长远发展，医院应建立符合实情的各项规章制度，明确各项经济活动的范围和程序。

2. 资产安全和使用有效

公立医院的资产归国家所有，作为国有资产的管理者和使用者，公立医院需要保证其财产的安全和有效使用，从货币资金、药品、医疗设备、采购物资到工程材料，都必须保证其不被流失和非法占用。

3. 财务信息真实完整

该目标强调公立医院提供真实、准确、完整的会计报告和相关信息，这需要提高公立医院财务系统的信息质量，确保其能够有效记录日常经济业务，保证财务信息的真实可靠，客观反映医院预算执行情况和运行管理情况，为管理层的决策提供真实有效的依据。

4. 有效防范舞弊和预防腐败

在新医改的背景下，在新旧体制衔接的转轨时期，公立医院某些管理人员和医务人员受到社会上一些不良价值观的影响，出现理想、信念、价值观方面的偏离，在受到各种诱惑后，利用手中的职位权力和执业权力为自己牟取私利，最后走向犯罪的深渊。该目标强调公立医院可以通过加强内部控制建设有效地防范舞弊，并能预防行业腐败。

5. 提高资源配置和使用效益

在我国，公立医院在提高医疗服务水平的同时也要提升资源配置效率，提高资源的使用效益。

（二）公立医院内部控制的要素

1. 控制环境

公立医院的控制环境是指一切制约和影响医院内部控制执行效率和效果的各种因素，包括医院的机构设置、职能部门（尤其是医疗科室和行政部门）权责分配、医院的人力资源、医院的文化和内部审计等。控制环境也是建立与实施内部控制的基础，没有良好的控制环境，内部控制将无法发挥应有的成效。公立医院营造良好控制环境的关键在于优化公立医院的治理结构，确保和协调医院与政府部门之间、医院与医院之间、医院与患者之间的相关关系，维护和兼顾公立医院的各利益相关者的利益。

2. 风险评估

公立医院的风险评估主要是指医院管理层识别和量化测评经营风险、医疗风险等内外部风险及其影响的过程。风险管理则是医院通过明确的目标设定、准确的风险识别、充分的风险分析和有效的应变措施将风险降至最低的管理过程。明确的目标设定包括总体目标和分解目标，是合理设置医院风险承受度和风险偏好的基础。风险分析的方法分为定性分析法和定量分析法，前者是通过对风险的调查研究做出逻辑判断，后者是通过系统论方法，将各相互依赖的风险因素抽象成理论模型，运用概率论和数理统计的方法计算出最优的解决方案。在实践中应做到两者结合；从而对医院的风险水平有较为准确的把控。基本的风险应对策略包括风险降低、风险规避、风险分担和风险承受四种。医院往往根据自身的风险偏好和承受度对应对策略做出选择。

3. 控制活动

公立医院的控制活动是指医院为保证方针政策的实现，依据风险评估结果采取具体控制措施的过程。控制活动是医院实现经营目标过程中一个极其重要的组成部分，也是实现内部控制的重要手段。控制活动可采用的方法有很多，例如职责分工控制、预算控制、授权审批控制等。这些控制活动不是独立存在的，一般来说，健全的控制活动是多种控制方法的综合运用。

4. 信息与沟通

公立医院内部控制的信息与沟通是指与内部控制相关的信息被准确及时地搜集，并在医院内部、外部有效传递的过程。沟通形式主要分为横向沟通和纵向沟通，前者又称为平行沟通，是同级之间的信息传递和交流，后者又分为上行沟通和下行沟通。沟通可采取政策手册、布告通知、录像录音和口头沟通等形式，也可表现为管理层在指导下级工作时的言行。

5. 监督

公立医院的监督是指对医院内部控制制度的建立和实施进行监督审查，定期评估内部控制的有效性，同时，通过分析控制制度执行失败的情况发现制度中的设计缺陷，究其原因，及时改进，不断提升内部控制制度的质量和其与医院的契合程度。监督是实施控制的重要保证，一般分为两种：一是持续性的监督。该监督主要植根于医院的日常活动中，能够实时、动态地应对不断变化的环境；二是独立的评估。这是一项事后行为，虽不能及时发现问题，但其力度更大、对问题的发掘和评估也更为系统。

三、公立医院内部控制建设的具体方法

公立医院内部控制的核心是控制活动，控制活动是公立医院把风险评估结果与风险应对措施相结合，实现内部控制目标的策略和方法。公立医院要想把风险控制在可承受范围内，必须根据风险评估结果，通过手动、自动控制相配合，预防性、发现性控制相结合的办法，制定出相应的控制措施并严格执行。

（一）不相容岗位相互分离控制

不相容岗位相互分离是指该类岗位不能由一个部门或者人员兼任，必须实施相互分离，由两个或者两个以上的部门或者人员分别实施或者执行。这些岗位人员各司其职、相互制约，其核心是内部牵制。此外，对于重要的岗位还必须接受定期独立的监督检查。公立医院应当通过内设机构或岗位分设的方法，实现不相容岗位相互分离。一般来说，不相容岗位包括授权审批与业务执行、业务执行与监督检查、业务执行与会计记录、财产保管与会计记录、授权审批与监督检查。

（二）内部授权审批控制

明确各岗位办理业务和事项的权限范围、审批程序和相关责任，建立重大事项集体决策和会签制度。相关工作人员应当在授权范围内行使职权、办理业务并承担责任。公立医院应当全面梳理各项经济活动的审批权限，明确、合理设置院内机构或岗位办理经济活动事项的审批权限、审批程序、审批依据和相应责任，编制经济活动权限清单，规范审批流程。内部授权审批控制要求公立医院各级人员必须经过适当授权才能执行有关经济业务，未经授权不能行使相应权力。这种授权包括一般授权与特别授权。一般授权通过设定岗位职责，建立相关制度予以规定。特别授权是指公立医院在特殊情况、特定条件下进行的授权，该授权必须

对范围、权限、程序和责任四个方面做出严格规定。其中,"三重一大"(即重大事项决策、重要干部任免、重大项目投资决策和大额资金使用)必须建立集体决策审批或者联签制度,任何个人不得单独进行决策或者擅自改变集体决策。

(三) 归口管理与预算控制

1. 归口管理控制

归口管理是在不相容岗位相互分离和内部授权审批控制的原则下,强调同类经济业务或者事项交由一个部门或岗位进行规范管理,体现的是一种集中管理方式和专业属性。公立医院应当按照权责对等、各司其职的原则,采取成立联合工作组并确定牵头部门或牵头人员等方式,对有关经济活动实行统一归口管理。

2. 预算控制

强化对经济活动的预算约束,使预算管理贯穿单位经济活动的全过程。公立医院应当实行全面预算管理制度,编制部门预算并分解落实到医院内部各部门,预算要覆盖公立医院内部各层级单位,覆盖各项经济活动及经济活动的全过程。明确医院各部门在预算管理中的职责权限,规范预算的编制、审定、下达和执行程序。预算控制要突出医院预算对于经济活动的约束作用,强调突出预算管理贯穿医院经济业务活动的全过程。公立医院应定期检查预算执行情况,编制决算报表,并对预算执行结果进行绩效评价,真正发挥预算对于医院经济业务活动的指导和控制作用。

(四) 财产保护与会计控制

1. 财产保护控制

财产保护是指医院在资产的购置、配置、使用和处置过程中对资产进行保护,从而确保资产的安全和使用高效。建立健全资产日常管理和定期清查机制,通过采取资产记录、实物保管、定期盘点、账实核对等措施确保资产安全完整。严格限制未经授权的人员接触和处置财产。

2. 会计控制

会计控制要求公立医院通过建立健全财会管理制度、加强会计机构建设、提高会计人员业务水平、强化会计人员岗位责任制、规范会计基础工作、加强会计档案管理、明确会计凭证、会计账簿和财务会计报告处理程序来保证会计资料的真实完整，提高会计信息质量，确保各项法律法规和规章制度的贯彻执行。公立医院应当严格执行国家统一的医院会计制度，依法设置会计机构和配备会计从业人员，加强会计基础工作，明确会计凭证、会计账簿和财务报告的处理程序，保证会计资料真实完整。

（五）单据与内部报告控制

1. 单据控制

单据控制要求公立医院根据国家有关规定和医院的经济活动业务流程，在内部管理制度中明确界定各项经济活动涉及的表单和票据，要求相关工作人员按照规定填制、审核、归档、保管单据。单据控制主要涉及财务部门，体现在财务核算过程中。按照规定设置票据专管员，建立票据台账，对各类票据的申领、启用、核销、销毁进行序时登记。为了保障单据填写的规范性，公立医院要在各部门内部设立专门人员负责与财务部门对接，负责单据填写等工作，以专业化推动单据管理规范化。

2. 内部报告控制

内部报告主要包括：例行报告、实时报告、专题报告、综合报告。公立医院的内部报告是否健全需要按照国家相关规定进行判断，公立医院在建立该控制活动时，需要收集、分析很多信息，这样才能够选出自己业务需要的信息。通过这些信息对经济活动进行观察，以使医院的运营管理更加及时和有效。

（六）其他控制

1. 信息内部公开

信息内部公开要求根据公立医院内部控制体系实施情况和国家有关规定，建立健全经济活动相关信息内部公开制度，并确定信息内部公开的内容、范围、方式和程序，以保证医院职工知情权和提高经济业务活动的透明度。

2. 经济活动分析控制

该种控制的核心内容是分析医院运营管理活动。公立医院在运营管理过程中，需要使用多种方法对其运营管理活动进行分析，例如，因素分析、对比分析、趋势分析等方法，如此才能分析和解决问题。

3. 绩效考评控制

绩效考评控制要求公立医院建立和实施经济活动绩效考评制度，科学设置考核指标体系，对涉及经济活动的部门和岗位进行定期考核评价。通过绩效考评，发现内部控制运行过程中存在的问题，并通过修正策略，跟踪行动计划和绩效结果，从而保证内部控制的有效运行。

4. 信息技术控制

信息技术控制要求公立医院建立信息系统并使之安全、有效运行。医院建立信息化控制流程，必须与自身经营管理业务相适应。综合考虑医院实际情况和计算机信息技术的应用程度，提高业务处理效率，将人为操纵因素降到最低，实现对计算机信息系统开发与维护的控制，保障好数据信息安全。

四、公立医院内部控制的组织建设

（一）内部控制框架与三道防线的关系

每个组织在实现目标的过程中，都可能遇到各种不利事项和因素，组织必须识别和应对这些潜在事项和因素可能造成的风险。而内部控制整合框架概括了一个组织通过实施内部控制以有效管理风险的基本目标、要素和原则。但是在由谁来负责履行框架中所述的具体职责这个问题上，内部控制框架并没有做出进一步说明。三道防线模型恰好弥补了这一不足。该模型详细阐述了与风险管理和内部控制相关的具体职责在组织内究竟应该如何分配和协调，并强调了组织的确认活动——内部审计及其与其他监控活动的区别和联系。

内部控制框架与三道防线模型具有一致的最终目标：内部控制框架制定管理和控制风险的基本原理和方法，即如何进行控制，而三道防线模型则进一步细化了风险管理和控制程序的职责分工,即谁来执行控制。完善合理的内部控制体系有利于明确各道防线的职能分工,三道防线的设立与有效动迁则有助于落实内部控制机制,二者相辅相成,共同致力于解决组织风险,从而实现组织目标。

(二) 三道防线及相关主体的职能分工

在三道防线模型实施的过程中,除了三道防线内各职能部门的参与,董事会、高管层和其他外部主体也发挥着重要作用。

1. 董事会和高级管理层的关键角色

在构建三道防线之前,董事会和高级管理层应共同负责设立组织目标,控制实现这些目标的发展战略,并建立良好的治理结构以及有效管理和控制风险;需要明确界定相关的风险和控制职能,做出最优的组织结构安排;负责统筹管理三道防线的运行,对三道防线的活动负有最终责任。因此,董事会和高级管理层的参与是三道防线模型成功实施的基本前提。

2. 第一道防线

第一道防线为运营管理部门。第一道防线的实施部门主要是负责日常运营管理和风险管理控制的前线和中线业务部门。一般由运营部门主管来制定和实施组织的风险管理政策和程序,其具体职责包括:设计内部控制程序以识别、评估和控制组织的重大风险,按计划执行控制措施、发现流程和控制缺陷、解决内部控制失效问题,并与活动中的关键利益相关者进行沟通。组织的日常经营活动经常面临各种风险,因此,运营管理部门需要设计和执行相应的控制措施来承担和管理风险,维护有效的内部控制,以确保各项活动符合组织目标。只有将风险管理和内部控制程序融入运营部门的各项制度和流程中,并加强对程序执行的管理和监督,才能建立好防范风险的第一道防线。

3. 第二道防线

第二道防线为风险管理内部控制职责部门。管理层下设不同的风险管理和内部控制部门,以确保第一道防线的控制措施设计合理并得到有效运行。第二道防线的总体职能一般包括协助第一道防线的运营管理部门制定各项控制策略、提供风险方面的专业知识、实施政策和程序、收集相关信息、创建组织层面的整体风险控制观等，具体涉及风险管理、合规、信息安全、财务控制、实物安全、质量控制、健康和安全、法律、环境保护和供应链等职能部门。他们一般不直接参与组织的日常运营活动，而是负责对具体的风险管理和控制程序进行持续性监控。第二道防线本质上履行的是一种管理或监督职能，其监控范围涵盖内部控制框架中的所有三类目标，即运营、报告和合规目标。尽管第二道防线内的职能部门在某种程度上独立于第一道防线，但其本身作为管理职能，可以直接参与建立和改进内部控制和风险管理的过程，因此，严格意义上说，第二道防线无法针对风险管理和内部控制向治理机构提供真正独立的分析。

4. 第三道防线

第三道防线为内部审计。内部审计对组织治理、风险管理和内部控制的有效性向董事会和高级管理层提供独立确认。同时，内部审计也需要对第一和第二道防线的活动进行审查，以判断其是否符合董事会和高级管理层的期望。与其他两道防线相比，内部审计最突出的特点是它具有高度的组织独立性和客观性。内部审计人员通常不负责内部控制程序的设计与实施，也不负责组织日常运营管理活动。在大多数组织中，这种独立性通过内部审计与治理机构之间的直接报告关系而得到进一步强化。内部审计提供确认的范围涵盖组织经营活动的所有方面：一是广泛的目标，包括经营效率与效果、资产安全、财务报告可靠性以及法律政策遵循。二是风险管理和内部控制框架的所有组成要素，包括控制环境、风险管理框架的构成要素（即风险识别、风险评估和风险应对）、控制活动、信息与沟通以及监督。三是整体机构、部门和分支机构、运营单位及职能部门，具体包含业务流程（如销售、生产、营销、安全、客户等职能）以及支持性职能部门（比如会计、人力资源、采购、预算、基础设施、资产管理、存货及信息技术）。每个组织应该建立和维护一个独立、客观、专业、胜任的内部审计团队，其成员可以向组织中适当的高层管理者和治理机构直接报告以独立履行其职责，并按照公认的国际内部审计专业实务标准来操作，以确保有效发挥内部审计职能。

5. 外部审计、监管部门和其他外部主体

外部主体不是三道防线的组成部分，但其对于组织整体治理和控制架构扮演着重要角色。比如，监管部门制定强化组织治理和控制的标准。外部审计就组织对财务报告和有关风险的控制提供重要观察和评价。当各种外部主体有效协作时，可视为组织风险管理和内部控制的另一道防线，他们向组织的关键利益相关者提供重要信息。但是与组织内部的三道防线相比，他们的工作目标和范围较为集中和狭窄，而三道防线致力于解决整体组织面临的一系列经营、报告和合规风险，其职能无法被外部主体替代。

（三）公立医院内部控制建设的职责分工

基于三道防线的上述基本原理，公立医院在内部控制建设中的职责分工具体如下。

第一，医院党委要发挥在医院内部控制建设中的领导作用；主要负责人是内部控制建设的首要责任人，对内部控制的建立健全和有效实施负责；医院领导班子其他成员要抓好各自分管领域的内部控制建设工作。

第二，医院应当设立内部控制领导小组，主要负责人任组长。领导小组主要职责包括：①建立健全内部控制建设组织体系，审议内部控制组织机构设置及其职责；②审议内部控制规章制度、建设方案、工作计划、工作报告等；③组织内部控制文化培育，推动内部控制建设常态化。

第三，医院应当明确本单位内部控制建设职能部门或确定牵头部门，组织落实本单位内部控制建设工作，包括研究建立内部控制制度体系，编订内部控制手册；组织编制年度内部控制工作计划并实施；推动内部控制信息化建设；组织编写内部控制报告等。

第四，医院由内部审计部门或确定其他部门牵头负责本单位风险评估和内部控制评价工作，制定相关制度；组织开展风险评估；制定内部控制评价方案并实施，编写评价报告等。

第五，医院内部纪检监察部门负责本单位廉政风险防控工作，建立廉政风险防控机制，开展内部权力运行监控；建立重点人员、重要岗位和关键环节廉政风险信息收集和评估等制度。

第六，医院医务管理部门负责本单位医疗业务相关的内部控制工作，加强临床科室在药品、医用耗材、医疗设备的引进和使用过程中的管理,规范医疗服务行为,防范相关内含经济活动的医疗业务(即实施该医疗业务可以获取收入或消耗人财物等资源)风险,及时纠正存在的问题等。

第七,医院内部各部门(含科室)是本部门内部控制建设和实施的责任主体,部门负责人对本部门的内部控制建设和实施的有效性负责,应对相关业务和事项进行梳理,确定主要风险、关键环节和关键控制点,制定相应的控制措施,持续改进内部控制缺陷。

第二节 公立医院单位层面内部控制建设

一、公立医院单位层面内部控制概述

第一,单位层面内部控制的含义:单位层面内部控制是指对单位组织架构、三权分立、决策机制、关键岗位控制、人员资质和能力、现代科技手段的应用等方面提出的总体控制思想和内容。

从各个单位的内部控制实践来看,凡是内部控制建立和实施情况良好、成效明显的单位,一般都有以下几个特点:一是单位领导非常重视,积极支持有关部门开展内部控制;二是组织机构和人员队伍比较健全,岗位职责明确,并形成了工作合力;三是制度建设比较完备,议事决策机制、岗位责任制等制衡机制比较完善,注重构建一系列相互配合相互支撑的制度体系;四是善于总结经验,开拓创新,利用信息化手段提升管控效能。也就是说,这些单位有着良好的内部控制环境,为业务层面内部控制的建立和实施提供了基础性的保障。因此,推进行政事业单位的内部控制建设,不仅要从经济活动的业务流程入手,加强业务层面的管控,也要重视业务层面内部控制所依存的内部环境,加强单位层面内部控制建设,做到单位层面和业务层面的内部控制并重。

第二,单位层面内部控制在内部控制体系建设中的地位:单位层面内部控制建设从整体上把握内部控制工作,具有基础性和全局性。单位层面内部控制建设

为业务层面内部控制的开展提供基础，单位层面的机构设置，关键岗位控制、制度控制等都为业务层面内部控制工作的开展提供便利。没有完善的单位层面内部控制建设，很难实现有效的业务层面内部控制建设。单位层面内部控制是从单位整体进行控制，全面把握单位的风险点，综合考虑单位的整体情况开展控制工作。

第三，公立医院单位层面内部控制建设的内容主要包括：单位决策机制，内部管理机构设置及职责分工，决策和执行的制衡机制；内部管理制度的健全，关键岗位管理和信息化建设等。

二、公立医院组织架构内部控制建设

（一）公立医院组织架构内涵与内部控制建设的归口管理部门的确定

1. 公立医院组织架构的内涵

组织架构主要涉及公立医院内部机构的设置和职责权限的分配，单位内部机构的设置应该从决策、执行、监督三个方面进行，并明确三者的职责权限，通过机构的设置来建立公立医院的自我约束机制。组织架构作为公立医院内部环境的有机组成部分，在医院内部控制体系中处于重要地位，是促进医院内部控制有效运行、保证内部控制功能发挥的前提和基础。医院内部控制领导小组每年至少召开一次会议，研究本单位内部控制管理工作。

2. 确定内部控制建设的归口管理部门

公立医院内部控制覆盖医院的各个业务领域，涉及医院的各个部门，是一项与医院运行息息相关的工作。确定内部控制建设的归口管理部门，使这一部门全面负责内部控制建设工作，带动其他部门内部控制工作的开展，确保内部控制工作在单位内部得以落实。内部控制职能归口管理部门的主要工作涉及研究医院内部控制的建设方案、提出医院重大事项的控制手段、协调跨部门的风险评估工作、协调医院内部控制的整改落实工作、负责内部控制日常工作等。内部控制职能归口管理部门主要做好以下工作：

①负责组织协调单位内部控制日常工作。

②研究提出单位内部控制体系建设方案和规划。

③研究提出单位内部跨部门的重大决策、重大风险、重大事件和重要业务流程的内部控制工作。

④组织协调单位内部跨部门的重大风险评估工作。

⑤研究提出风险管理策略和跨部门的重大风险管理解决方案，并负责方案的组织实施和对风险的日常监控。

⑥组织协调相关部门和岗位落实内部控制的整改计划和措施。

⑦组织协调单位内部控制的其他有关工作。

（二）充分发挥各相关部门或岗位的作用

内部控制的建立与实施，应当建立各部门或岗位之间的沟通协调机制，充分发挥各相关部门或岗位的作用。相关部门或岗位应做好以下工作：积极配合内部控制职能归口管理部门对单位业务活动进行的风险评估和流程梳理、主动参与单位特别是本部门的内部控制建设工作、认真落实单位的内部控制制度、强化对于本部门内部控制工作的监督管理、对部门存在的问题积极地改进完善等。

要充分发挥医务、教学、科研、预防、资产（药品、设备、耗材等）、医保、财务、人事、内部审计、纪检监察、采购、基建、后勤、信息等部门在内部控制中的作用。这些部门应当积极配合内部控制职能归口管理部门做好以下工作：

①配合内部控制职能归口管理部门对本部门相关的经济活动进行流程梳理和风险评估。

②对本部门的内部控制建设提出意见和建议，积极参与医院经济活动内部控制管理制度体系的建设。

③认真执行单位内部控制管理制度，落实内部控制的相关要求。

④加强对本部门实施内部控制的日常监控。

⑤做好内部控制执行的其他有关工作。

（三）内部审计和纪检监察部门认真履行职能

恰当的内部监督有利于及时发现内部控制建立和实施中的问题和薄弱环节，

并及时加以改进，确保内部控制体系得以有效运行。公立医院内部审计部门和纪检监察部门是内部监督的主要力量，所以，内部控制的建立和实施也离不开单位内部审计部门和纪检监察部门的参与和支持。

上述部门在内部控制中应当做好以下工作：

①研究制定监督内部管理制度。

②组织实施对内部控制的建立与执行情况及有效性的监督检查和自我评价，并提出改进意见和建议。

③督促相关部门落实内部控制的整改计划和措施。

④做好内部控制监督检查和自我评价的其他有关工作。

三、公立医院议事决策内部控制建设

内部控制的核心在于制衡，议事决策机制的设置是建立内部控制体系的核心内容。从单位整体层面来看，公立医院应当设置议事决策机制、岗位责任制、关键岗位轮岗机制等制衡机制，并确保医院业务活动的决策、执行和监督相互分离。单位的领导层通常是单位决策的制定者。任何一项决策的做出都应该按照规定的程序公开、透明、有序地进行。决策的任何环节都应该实现信息公开，决策必须由集体讨论，依据单位的实际情况做出。

（一）医院经济活动的决策、执行和监督应当相互分离

行政事业单位经济活动的决策、执行和监督相互分离，是建设现代政府的客观要求，也是有效防范舞弊和预防腐败的制衡机制。

在医院单位层面的内部控制中，决策、执行和监督相互分离侧重于两个方面。首先是过程的分离，即决策过程、执行过程和监督过程是相互分离、相互独立、相互影响和相互制约的。在医院的经济活动中，决策过程实为授权审批过程。在办理经济活动的业务和事项之前，应当经过适当的授权审批，重大事项，如大型采购、基建以及与之相关的大额资金支付业务，还需要经过集体决策和会签制度，任何个人不得单独进行决策或者擅自改变集体决策的意见。执行过程是按照审批的结果和适当的权限办理业务的过程。办理业务是一个广义的概念，不

仅包括办理预算编制业务、资金收支业务、政府采购业务和基建业务，也包括依职责保管资产、进行信息统计和会计处理。办理业务的前提是得到恰当的授权和经过了既定的审批程序，业务执行情况应当及时反馈给决策者。在行政事业单位，监督过程主要是通过对决策过程、执行过程的合规性以及执行效果的检查评价，来确保经济活动的各业务和事项都经过了适当的授权审批，确保经办人员按照授权的要求和审批的结果办理业务。因此，决策是执行的前置程序，执行是决策的具体落实，监督影响和制约着决策和执行，这三个过程既相互分离又相互制约。

其次是岗位的分离，即不相容岗位相互分离。决策审批与执行、执行与监督检查、决策与监督检查等岗位应当相互分离，负责执行业务的岗位无权自行决策，而负责监督的岗位独立于决策与执行岗位，以确保其监督的成效。岗位分离避免了既当"运动员"又当"裁判员"的情况发生，降低了舞弊和腐败的风险。

（二）决策、执行和监督相互分离的机制建设应当适应单位的实际情况

公立医院在根据决策、执行和监督相互分离的原则进行组织架构和岗位设置时，应当符合单位的实际情况。既要服从本单位"三定"规定的要求，在现有编制内按照内部控制的要求设计工作机制，又可以从经济活动的特点出发，建立联合工作机制。例如，成立由单位领导、财会部门等内部相关部门的负责人组成的预算管理委员会，负责对预算和资金使用方面的重要事项进行决策。成立由单位领导、政府采购归口管理部门、财会部门和相关业务部门负责人组成的政府采购工作领导小组，负责对单位的政府采购事项进行决策，政府采购归口部门负责具体执行政府采购业务。成立由单位负责人、内部审计部门、纪检监察部门等相关部门负责人组成的内部监督领导小组，负责统一领导对内部控制的监督检查和自我评价。

预算管理委员会、政府采购工作领导小组、内部监督领导小组等虽然不是按照"三定"规定设置的常设机构，但单位的预算业务、政府采购业务、内部监督有了明确的决策主体、审批权限归属，在经济活动的风险管控中能够发挥重要的不可替代的作用。

（三） 建立健全议事决策机制

经济活动决策事关公立医院经济资源的优化配置，议事决策机制是医院经济活动科学决策、民主决策的重要保障。按照"内部控制规范"的规定，单位应当建立健全集体研究、专家论证和技术咨询相结合的议事决策机制。重大经济事项的内部决策，应当由单位领导班子集体研究决定。重大经济事项的认定标准应当根据有关规定和本单位实际情况确定，一经确定，不得随意变更。议事决策机制通常包括以下几个方面内容。

1. 建立健全议事决策制度

议事决策制度具体体现为议事决策规则，包括确定议事成员构成，决策事项范围，投票表决规则，决策纪要的撰写、流转和保存，对决策事项的贯彻落实和监督程序等。特别需要明确实行单位领导班子集体决策的重大经济事项的范围。

与其他行政事业单位一样，医院的重大经济事项一般包括大额资金使用、大宗资产采购、基建项目、重大外包业务、对外投资和融资业务（如果国家相关规定允许）、重要资产处置、信息化建设以及预算调整等。由于每家医院的情况不同，每个单位都可以根据国家有关规定和本单位的实际情况确定哪些事项属于重大经济事项，一经确定，不得随意变更。

2. 集体研究、专家论证和技术咨询相结合

公立医院经济活动的重大决策一般实行领导班子集体研究决定，单位领导班子由党委、行政和纪检的主要领导组成，单位领导班子集体决定应当坚持民主集中原则，防范"一言堂"或者"一支笔"造成的决策风险和腐败风险。

对于业务复杂、专业性强的经济活动，特别是基建项目和政府采购业务，技术要求和业务流程都比较复杂，而且存在国家强制性的标准和程序，如果没有专家的参与和必要的技术支持，难以保障决策的合法合规和科学合理。因此，对此类业务，应当听取专家的意见，必要时可以组织技术咨询；对于关系公共利益、公众权益、需要广泛知晓的事项和社会关切的事项，要认真听取人民群众的意见和建议。提供专家论证和技术咨询的，可以是本单位的专业人员，也可以是从外部聘请的专业机构和专家。不论是本单位的专业人员，还是外部专家，在参与论

证和提供技术咨询的过程中，都应当保持独立、客观、公正，而且对论证结果和咨询服务质量负责。

3. 做好决策纪要的记录、流转和保存工作

对重大经济事项的内部决策，应当形成书面决策纪要，如实反映议事过程和每一位议事成员的意见。将不同的意见记录在案，有利于分清责任。同时，在做好记录的基础上，要求议事成员进行核实、签字认可，并将决策纪要及时归档、妥善保管。

4. 加强对决策执行的追踪问效

公立医院应当注重决策的落实，对决策执行的效率和效果实行跟踪，避免决策走过场，失去权威性。医院还应当建立决策问责制度，对经济活动中出现的重大决策失误、未履行集体决策程序和不按决策执行业务的人员，应当追究相应的责任。

(四) 加强内部控制制度建设

制度是活动的指南，医院进行任何一项活动都要有制度的指引，任何活动都要有章可循，有理可依。完善医院内部控制制度，使单位活动能够在制度的框架内进行。

医院应当建立健全内部管理制度，包括运营管理制度、组织决策制度、人事管理制度、财务资产管理制度、内部审计制度、安全管理制度等，并将权力制衡机制嵌入各项内部管理制度。

四、公立医院关键岗位内部控制建设

(一) 公立医院关键岗位内部控制建设的重要性

行政事业单位内部控制建设的具体控制方法包含不相容岗位分离、授权审批、归口等，其中不相容岗位分离控制方法排在首位，可见其重要性。该方法要求合理设置内部控制关键岗位，明确划分职责权限，实施相应的分离措施，形成相互制约、相互监督的工作机制。

内部控制关键岗位轮岗制度的目标和单位的总体目标、内部控制目标是一致的。关键岗位不安排定期轮岗，导致单位的经济业务活动出现违法违规风险的可能性增大，单位的货币资金和其他资产会出现以白条抵库、盗窃、贪污的风险，资产配置不合理、资产损失浪费、使用效率低下的风险，舞弊和贪污腐败的风险，社会资源分配不公、浪费的风险，损害社会公共利益的风险，降低公共服务的效率效果的风险等。因此，内部控制关键岗位轮岗制度有其必要性和重要性。

（二）建立健全医院内部控制的关键岗位责任制

医院应当建立健全内部控制关键岗位责任制，明确岗位职责及分工。内部控制关键岗位主要包括预算业务管理、收支业务管理、政府采购业务管理、资产管理、建设项目管理、合同管理以及内部监督等经济活动的关键岗位。医院内部控制关键岗位主要包括运营管理、预算管理、收支管理、采购管理、医保结算管理、资产管理、基建项目管理、合同管理、绩效奖金核算管理、人力资源与薪酬管理、医教研防业务管理以及内部监督管理等。

单位应当以岗位责任书或其他相关文件的书面形式规定内部控制关键岗位专业胜任能力和职业道德的相关要求，明确岗位的职责、权力以及其他岗位与外界的关系，并将上述具体要求落实到人员配置和相关人员的岗位设置中。从源头上把握人员的素质，把好用人关，要明确医院的任用标准，包括任职资格标准和职业道德标准。医院任用的关键岗位工作人员必须经过严格的考核，确保其能够胜任单位的日常工作。任用人员的资格和能力，包括知识、技能、专业背景和从业资格等。

公立医院可以通过制定内部控制关键岗位职业道德准则等方式，明确规定可接受的行为与不可接受的行为，以及遇到不当行为或发生利益冲突时应采取什么措施。明确岗位职业道德的要求，提高工作人员对职业道德的重视程度。要定期检查关键岗位工作人员对职业道德要求的执行情况，对发现的不符合职业道德的行为及时加以惩戒。

医院面临的外部环境处于不断变化中，相关政策和医院的经济活动都会发生变化，这就要求关键岗位人员的素质和能力必须能够满足变化的需求。与医院相关的法律法规政策具有规定多、更新快、要求高的特点，医院相关岗位人员如果不能及时、全面、准确地掌握国家有关法律法规政策及其变动，就有可能导致经济活动不合法不合规、资产不安全、财务信息不真实不完整，甚至出现舞弊和腐败现象，最终影响医院公益服务的效率和效果。因此，加强对工作人员的业务培训和后续教育就成为一种必然。通过进行业务培训和后续教育来提升工作人员的岗位胜任能力，引导工作人员不断学习，自主学习。

（三）加强医院内部控制关键岗位的轮岗制度

首先，医院应当合理地、科学地设置单位内部控制关键岗位，确保不相容岗位相互分离、相互制约和相互监督。通常要求单位经济业务活动的决策、执行、监督形成相互分离、相互制约的状态，即经济业务活动的申请与其审核审批、其审核审批与具体经济活动执行、经济活动执行与其信息记录、经济活动的审批、执行与其内部监督的岗位相互分离。

其次，公立医院应当实行内部控制关键岗位轮岗制度，明确轮岗周期。不相容岗位分离能够规范业务流程，形成权力的制衡，一方面提高医院业务运营的效率，增强运营效果，另一方面也有利于预防腐败问题的产生。规范医院的不相容岗位分离，一方面要完善单位内部的岗位设置，避免一人多岗，保障岗位人员的独立性，另一方面要明确不相容的岗位范围。业务活动方面，要将业务活动的不同环节分属不同岗位或人员管理，授权与执行要分离，执行与监督要分离等。资产的记录与保管方面，会计与出纳岗位要分离，制单与审核人员要分离。

五、公立医院会计系统内部控制建设

会计体系在行政单位的内部控制中处于核心地位，多数单位的内部控制建设工作由财务部门来牵头，而单位内部控制主要针对经济活动展开。单位财务信息的重点在于保证财务报告信息是真实的、准确的、完整的。

（一）会计系统控制的内涵

会计系统控制是指通过会计核算和监督系统进行的控制，可以分成两部分：

会计核算系统和会计监督系统,主要包括会计凭证控制、复式记账控制、会计账簿控制、会计报表控制及其财务成果控制。

会计系统控制的主要内容包括以下几方面：

①统一内部会计科目。

②完善内部会计政策。

③建立健全内部会计管理规范和监督制度,以此相互制约。

④规范会计凭证、账簿、财务报告的处理程序。

会计系统控制在单位内部管理系统中主要体现在两个方面：一方面,会计系统中所反映的会计信息可为单位决策者提供决策性依据；另一方面,系统可记录和报告单位经济业务,使单位财务状况、预算执行情况、现金流量状况得以充分反映。因此,单位必须健全内部控制制度,以保证会计信息的真实性和完整性。

（二）公立医院在会计系统控制中的关键控制措施

公立医院可以从以下几个方面做好会计系统控制工作。

1. 控制会计系统的合规性风险

各项会计工作必须依法、依规进行,例如,依法设置会计机构并配备合格人员,合格人员应具备良好的职业道德操守和业务胜任能力。会计机构负责人应具备会计师以上专业技术职务资格。大中型医院应设置总会计师。设置总会计师的单位,不得设置与其职权重叠的副职。会计人员工作调动或因故离职,必须依法办理工作交接,没有办清交接手续的,不得调动或离职。

接替人员应认真接管移交工作,并继续办理移交的未了事项。

公立医院应严格执行国家统一的会计准则,制定适合本单位的会计制度,加强会计基础工作,明确会计凭证、会计账簿和财务报告的处理程序,规范会计政策的选用标准和审批程序,依据会计制度进行会计确认、计量、记录和报告,确保会计职业判断符合会计准则,保证会计核算合法合规,充分发挥会计系统的控制职能。

2. 控制会计系统的报告风险

会计作为一个信息系统,其主要功能是遵循会计准则和相关法规将会计数据加工成会计信息,会计信息要满足信息使用者的需求,必须具备相关、及时和如实反映的质量要求。因此,会计系统控制要做好报告风险的控制工作,确保医院会计资料和财务报告真实、可靠和完整。如果医院领导授意、强令或指使会计人员编报虚假会计信息,会计人员有权拒绝,并阐明这样做的后果和责任,必要时可依法向有关部门进行报告。

3. 财产保护是会计系统控制的重要方面

资产安全完整和有效利用是医院运营的基础,很多医院资产管理不善,资产流失、价值毁损、利用效率低下等问题突出。资产目标是内部控制的重要目标,会计系统控制对于保护资产的安全完整、保值增值等具有重要意义。财产保护控制,要求医院限制未经授权的人员对财产的直接接触和处置,采取财产记录、实物保管、定期盘点、账实核对、财产保险等措施,确保财产的安全完整和保值增值。财产保护控制是财务部门的重要职责,主要由相关资产保管或使用部门配合财务部门来实施。

4. 依法开展会计监督

各医院应当建立健全本单位内部会计监督制度。会计人员应依法开展会计监督,确保各项经济活动和财务收支合法合规。医院负责人应保证会计机构、会计人员依法履行职责,不得授意、指使、强令会计机构、会计人员违法违规办理会计事项。

会计机构、会计人员对违法违规交易或事项,有权拒绝办理或按职权予以纠正。会计监督应重点关注以下几方面:各类财产、资金的安全完整与有效使用;各项财务收支的合规性;各项经济活动的科学性与合理性;各项成本费用的合理性与经济性;各项收入确认与计量的真实性与合规性;盈余分配计算的真实性与合规性。

5. 建立和完善以会计档案为核心的档案保管控制

文件记录和档案保管是记载、汇集、追溯和验证交易与事项的媒介,具有重要的信息传递、案件查证、决策支持、真相还原和风险控制功能。会计档案是记录和反映单位经济业务的重要史料和证据。各单位应建立和完善以会计档案为核心的档案保管控制,加强对档案管理工作的领导,建立档案的立卷、归档、保管、查阅和销毁等管理制度,保证档案资料妥善保管、有序存放、方便查阅,严防毁损、散失和泄密。

6. 为其他控制活动提供信息支持

会计系统是医院开展管理活动和实施内部控制的基础,会计信息是最重要的经济信息,被广泛地应用在医院内部控制和风险管理的方方面面。因此,会计系统控制要求充分利用会计系统的信息优势,为各项日常活动和风险管理提供信息支持。例如,开展运营分析和绩效考评需要的数据主要来自会计信息系统;再如,公立医院可利用财务数据等信息建立风险监控指标,并设定预警线进行风险预警。

第三节 公立医院业务层面内部控制建设

一、公立医院预算业务内部控制建设

(一)预算业务概述

1. 预算管理的含义

预算管理是指组织以战略目标为导向,通过对未来一定期间内的业务活动和相应的财务结果进行全面预测和筹划,科学、合理地配置组织各项财务和非财务资源,并对执行过程进行监督和分析,对执行结果进行评价和反馈,指导业务活动的改善和调整,进而推动实现组织战略目标的管理活动。预算管理含义的理解要点如下:

①本处所指预算管理不是单纯的财务预算,而是全面预算。预算管理是全面控制组织生产业务活动,引导组织战略目标落地的重要工作,是为数不多的几个能把组织所有关键问题融合于一个体系之中的管理控制方法之一。

②预算管理是以战略目标为导向,并推动实现组织战略目标的管理活动。预

算管理应起于组织战略规划，止于业绩考核评价，形成一个完整的管理闭环，将组织战略规划与管理活动有效连接起来，使管理活动始终服务于组织战略规划的贯彻落地。实践证明，不能体现组织战略的预算管理可能将组织发展带入歧途，而离开预算管理，组织战略规划也难以得到有效的贯彻实施。

③预算管理是业务系统而不仅是财务系统。预算管理是组织管理者将组织所有经营、投资和财务等活动，通过运用数量化的系统工具编制为预算，并使之成为组织预算期内具有高度权威性的行动指南，所以，预算管理是计划未来工作、实现预定目标的过程，是对有限的组织资源进行分配的过程，是对计划实施进行控制的过程。总而言之，预算管理是协调完成战略与业务目标的业务系统。

④预算管理是管理平台而不仅是管理工具。预算管理是组织战略目标达成的重要工具，必然有预算管理自身的工具方法，一般包括滚动预算、零基预算、弹性预算、作业预算等。但是预算管理更需要根据组织战略目标、业务特点和管理需要，借助和融合各种管理工具，才能达到预期目标，例如，整合战略管理领域的工具方法，强化预算对战略目标的承接分解；整合成本管理、风险管理领域的工具方法，强化预算对战略执行的过程控制；整合营运管理领域的工具方法，强化预算对业务活动的过程监控；整合绩效管理领域的工具方法，强化预算对战略目标的标杆引导，从而使预算管理成为各管理领域工具方法整合和协同的平台。

⑤预算管理是筹划控制而不仅仅是预测。预算管理的前提是预计业务成果，但本质作用在于筹划、在于控制。预算管理是实现资源优化配置的重要工具，科学、合理地配置组织各项财务和非财务资源，使投入产出效益最大化，并推动战略目标的实现。预算管理的核心理念是过程控制，对执行过程进行监督和分析，对执行结果进行评价和反馈，指导业务活动的改善和调整。

2. 公立医院预算管理的含义

公立医院预算是指医院按照国家有关规定，根据事业发展计划和目标编制的年度财务收支计划。国家对公立医院实行"核定收支、定项补助、超支不补、结余按规定使用"的预算管理办法。地方可结合本地实际，对有条件的医院开展"核定收支、以收抵支、超收上缴、差额补助、奖惩分明"等多种管理办法的试点。定项补助的具体项目和标准，由同级财政部门会同主管部门（或举办单位），根据政府卫生投入政策的有关规定确定。医院要实行全面预算管理，建立健全预算管理制度，包括预算编制、审批、执行、调整、决算、分析和考核等制度。

全面预算管理制度是现代医院管理制度的重要内容，主要包含两方面内容：一是业务主管部门对医院预算和财务实行全面管理，医院作为预算单位，所有收支全部纳入预算范围；二是医院内部建立健全全面预算管理制度，以医院战略发展规划和年度计划目标为依据，充分运用预算手段开展医院内部各类经济资源的分配、使用、控制和考核等各项管理活动，具体包括收入、支出、成本费用、筹资投资、业务等预算。

3. 公立医院预算管理的主要内容

第一，业务预算主要反映医院开展日常运营活动的预算，包括医疗业务工作量预算、财政专项预算、科研教学项目预算等，是收入费用预算、筹资投资预算编制的主要基础和依据。

第二，收入费用预算主要反映预算期内与医院业务活动直接相关的预算，包括收入费用总预算、医疗收入和医疗费用预算（包括管理费用预算）、财政补助收入费用预算、科教项目收入费用预算和其他收入费用预算。人员经费和三公经费预算编制应当严格执行国家有关财务规章制度规定的开支范围和开支标准。

第三，筹资投资预算主要反映预算期内医院进行投资活动和筹资活动的预算。筹资预算主要是指借款预算、融资租赁预算和引入第三方合作预算。医院借款、融资租赁和第三方合作必须符合国家有关政策规定。投资预算主要包括设备、车辆和无形资产购置预算、基建和大型修缮预算、对外投资预算等。医院对外投资主要包括认购国债、全资或与第三方合作举办独立法人的非营利性医疗卫生机构等。医院对外投资的资产来源和投资范围必须符合国家有关政策规定。

（二）公立医院预算管理的内部控制目标

第一，通过合理编制预算，实现成本节约，提升公立医院管理的效率。

第二，确保预算编制工作和程序符合相关规章制度的要求，符合公立医院发展战略和目标要求。

第三，确保预算指标层层分解，落实到公立医院预算执行单位的各部门、各环节和各岗位。

第四，确保公立医院预算严格执行，定期进行预算执行情况分析，为公立医院重大决策提供信息。

第五，确保预算调整符合业务主管部门要求和公立医院内部各项规章制度。

第六，确保预算绩效评价程序和方法符合国家法律法规与公立医院内部规章制度的要求。

第七，建立合理的预算评价体系，发挥有效的激励和监督作用，提高公立医院运行效率和效果，实现公立医院的发展规划。

（三）公立医院预算管理的关键控制措施

1. 职责分工

（1）全面预算管理委员会

全面预算管理委员会，是医院全面预算管理工作的领导机构，一般由医院负责人任主任，总会计师或分管财务工作的院领导任副主任，相关职能部门负责人任委员。全面预算管理委员会的主要职责包括：审议医院预算管理制度、预算方案和预算调整方案、预算编制和执行中的重大问题、预算执行报告、决算报告等预算管理工作中的重大事项。

（2）全面预算管理办公室

全面预算管理办公室，是全面预算管理委员会的下设机构，牵头负责全面预算管理的日常工作。办公室设在预算管理部门或财务部门，部门负责人任办公室主任。医院根据规模和业务量大小，明确负责预算管理工作的人员（至少1名），各归口部门、各预算科室要设立兼职预算员。全面预算管理办公室的主要职责包括：拟定各项预算管理制度；组织、指导预算归口管理部门和相关预算科室编制预算；对预算草案进行初步审查、协调和平衡；汇总编制医院全面预算方案；检查预算执行情况并编制报告；组织编制医院决算报告；开展预算绩效考核评价和编制报告等。

（3）预算归口管理部门

预算归口管理部门，是预算管理的专业责任主体，分为收入预算归口管理部门和支出预算归口管理部门。预算归口管理部门的主要职责包括牵头会同预算科室编制归口收入、支出预算，并监督归口收入、支出的预算执行情况。

收入预算归口管理部门主要包括医务、财务、科研、教学、医保等业务管理部门，负责编制医院收入预算。其中，医疗收入预算不得分解下达至各临床、医技科室，效率类、结构类指标可分解下达。

支出预算归口管理部门包括人事、总务、设备、药剂、基建、信息、科研、教学等业务管理部门，其职能划分应当能够覆盖医院全部支出业务，且责任分工清晰明确。

2. 预算编制与审核环节的关键控制措施

（1）优化预算编制方法

①固定预算法与弹性预算法的比较

固定预算法与弹性预算法的比较，如表4-1所示。

表4-1　固定预算法与弹性预算法比较表

项目	固定预算法	弹性预算法
含义	以预算期间内正常的、最有可能实现的某一业务量水平为固定基础，不考虑可能发生的变动的预算编制方法	在分析业务量与预算项目之间数量依存关系的基础上，分别确定不同业务量及其相应预算项目所消耗资源的预算编制方法
优点	编制相对简单，也容易使管理者理解	考虑了预算期可能的不同业务量水平，更贴近单位经营管理实际情况
缺点	不能适应运营环境的变化，容易造成资源错配和重大浪费	编制工作量大；市场预测的准确性、对预算项目与业务之间关系的判断水平等会对弹性预算法的合理性造成较大影响
适用范围	适用于业务量较为稳定的生产和销售业务的成本费用预算的编制，如直接材料预算、直接人工预算和制造费用预算等	适用于单位各项预算的编制，特别是市场、产能等存在较大不确定性，且其预算项目与业务量之间存在明显的数量依存关系时

②增量预算法与零基预算法的比较

增量预算法与零基预算法的比较，如表 4-2 所示。

表 4-2 增量预算法与零基预算法比较表

项目	增量预算法	零基预算法
含义	以历史期实际经济活动及其预算为基础，结合预算期经济活动和相关影响因素的变动情况，通过调整历史期经济活动项目和金额形成预算的预算编制方法	不以历史期经济活动及其预算为基础，以零为起点，从实际需要出发分析预算期经济活动的合理性，经综合平衡，形成预算的预算编制方法
优点	编制简单，省时省力；业务部门容易理解与接受，有利于预算编制过程中的沟通与协调	不受历史期经济活动中不合理因素的影响，使预算编制更贴近预算期单位经济活动的需要；有助于增强预算编制的透明度，有利于进行预算控制
缺点	预算规模会逐步增大，可能会造成预算松弛及资源浪费	预算编制工作量较大，成本较高；预算编制的准确性受单位管理水平和相关数据标准准确性的影响较大
适用范围	单位原有业务活动是必须进行的，原有的各项业务基本上是合理的。若以上条件发生变化，则预算数额会受到基期不合理因素的影响，导致预算的不合理，不利于调动各部门实现预算目标的积极性	适用于单位各项预算的编制，特别是不经常发生的预算项目或预算编制基础变化较大的预算项目

③定期预算法与滚动预算法相比较

定期预算法与滚动预算法相比较，如表 4-3 所示。

表 4-3　定期预算法与滚动预算法比较表

项目	定期预算法	滚动预算法
含义	以不变的会计期间（如日历年度或财年）作为预算期间的一种编制预算的方法	根据上一期预算执行情况和新的预测结果，按既定的预算编制周期和滚动频率，对原有的预算方案进行调整和补充，逐期滚动、持续推进的预算编制方法
优点	能够使预算期间与会计期间相对应，有利于将实际数和预算数比较，有利于对各预算执行单位的预算执行情况进行分析和评价	通过持续滚动预算编制、逐期滚动管理，实现动态反映市场、建立跨期综合平衡，从而有效指导单位营运，强化预算的决策与控制职能
缺点	不能使单位的管理人员始终有一个长期的计划和打算，从而导致一些短期行为的出现，不利于前后各个时间的预算衔接，不能适应连续不断的业务活动过程的预算管理	预算滚动的频率越高，对预算沟通的要求越高，预算编制的工作量越大；过高的滚动频率容易增强管理层的不稳定感，导致预算执行者无所适从
适用范围	适用于单位内外部环境相对稳定的企业	适用于运营环境变化比较大、最高管理者希望从更长远视角来进行决策的单位

（2）预算编制方式

公立医院应当按照"上下结合、分级编制、逐级汇总"的程序，层层组织，做好预算编制工作。预算编制程序公开透明，充分听取医院领导班子、各职能部门、业务部门和专家意见，实行民主决策，并纳入院务公开内容。各预算科室应当配合预算管理办公室、预算归口管理部门做好预算编制工作。基本步骤如下：

第一，医院根据自身发展战略提出下一年度总体预算目标，确定预算编制原则，下达到各科室和部门。最高管理层与预算参与者就战略方向、战略目标、战略等问题进行相互沟通。

第二，根据全面预算管理委员会下达的总体目标及编制原则，各预算责任科室和归口部门编制预算科室的收入、支出、工作量等，归口部门主要负责编制人员支出预算、公用支出预算以及资本预算。

第三，根据医院的分部管理模式，较低组织层级将预算提交到较高组织层级审查；较高组织层级通过与较低组织层级的双向沟通，提出修改意见。

第四，全面预算管理办公室对运营预算和资本预算方案进行汇总和初步审查平衡，提出初步调整意见并反馈给预算责任部门和归口科室进行修正，根据修正结果编制财务预算方案、资产负债表预算、现金流量表预算和业务收支总表预算，上报全面预算管理委员会审议。

第五，全面预算管理委员会负责审查整体预算方案和编制的预算草表，提出改善措施，并将通过审查的预算方案经上级业务主管部门审议批准后，由全面预算管理办公室分解成一系列的指标体系，逐级下达到各预算责任科室和归口管理部门执行。

（3）预算编制程序

第一，坚持以战略发展规划为导向，根据区域卫生健康规划、卫生资源配置标准和年度事业发展计划，科学预测年度收入支出目标，合理配置内部资源，实行总量平衡和控制。

医院要参考上年度和历年实际收入水平，结合预算年度医院事业发展和工作计划，考虑医疗资源增减、医疗收费标准调整等因素，科学预测医院收入。不得将医院收入指标分解到各科室，更不得将医务人员收入与科室收入直接挂钩。

第二，坚持以收定支、收支平衡、统筹兼顾、保证重点，不得编制赤字预算。加强成本核算和控制，充分考虑成本费用开支范围和规模，结合工作任务、人员编制、有关开支定额标准变化等情况，合理编制支出预算。

医院要根据预算年度事业发展计划、工作任务、人员编制、有关开支定额标准变化等情况，以科室（或成本核算单元）为单位合理编制支出预算。

医院要加强资产配置预算管理，将大型设备、房屋土地等重大资产购置事项统一纳入预算申报管理，严格控制不合理支出。严禁公立医院举债建设和举债购置大型医用设备。

第三，严格控制对外投资，投资范围仅限于医疗服务相关领域，不得使用财政拨款、财政拨款结余对外投资，不得从事股票、期货、基金、企业债券等投资。

公立医院在编制预算时,应当与基建工程、大型修缮工程、信息化建设等重大项目以及资产配置相衔接,对预算的必要性、可行性以及合理性等进行科学论证,必要时应当组织相关专家进行论证。

第四,防范财务风险,加强应收应对预算管理,严格控制借款规模;确需借入或融资租赁的,应当按照规定报批;严禁举债建设。

第五,严格结余资金管理。医院累计可支配医疗盈余达到上年度业务支出一定比例的,需在编制年度预算时将累计可支配医疗盈余与业务收入和财政补助收入统筹考虑;规范专用基金提取。

3. 预算执行与分析环节的关键控制措施

（1）预算执行

第一,公立医院应当将批复后的预算收入任务和支出指标进行分解,及时下达到医院各预算执行单位。下达任务或指标时应明确每一笔预算资金的经济责任人,确保财权与事权相结合。

第二,医院要严格执行经批复的预算,完善各项预算管理规章制度,严格遵守预算执行授权审批制度和各项审批程序,形成全方位的预算执行责任体系,并将预算作为开展各项业务活动和经济活动的基本依据。

第三,预算管理办公室应当定期收集、整理预算执行信息,通过召开预算执行分析会议等形式,及时通报各科室（或成本核算单元）预算执行情况,研究解决预算执行中存在的突出问题,提出相应的建议或改进措施并形成书面报告,提交全面预算管理委员会研究决定。

第四,预算归口管理部门应当定期向预算管理办公室报告预算执行情况,接受监督,并对预算差异较大的情况进行分析和上报。

（2）预算调整

第一,医院年度预算一经批复,不得随意调整。当医院事业发展计划有重大调整、政府出台相关政策以及存在其他事项对预算执行产生重大影响时,医院应当按照规定程序调整预算并报同级业务主管部门。收入预算调整后,相应调增或调减支出预算。

第二，安排财政资金的基本支出和项目支出预算调整，按照部门预算管理相关规定执行。财政部门核定的财政补助等资金预算和其他项目预算在执行中一般不予调整。

(3) 预算分析

①预算报告

反映医院预算编制、执行和结果评价等预算全过程的完成情况。

预算编制分析反映医院业务预算、收入费用预算、筹资投资预算等预算编制情况。

预算执行分析反映医院当期收支预算执行进度、预算执行差异原因分析。

预算结果评价全方位综合评价医院当期预算完成情况。

②财务报告

反映预算执行过程中财政保障、医疗费用控制、盈余情况、财务状况等方面的专项信息。

财政保障水平分析，主要反映医院当期收到的财政补助情况和财政补助支出进度。

医疗费用控制分析，主要反映医院当期医疗费用控制情况及采取的措施。

盈余分析，主要反映医院除来源于财政项目收支和科教项目收支之外的收支结余水平，体现医院财务状况、医疗支出的节约程度以及医院管理水平。

收入费用结构分析，主要反映医院收入费用结构的合理性，使用药品、耗材、检查、化验收入占医疗收入比重，人员经费占比，管理费用率等指标进行分析。

成本管理能力分析，主要反映医院门诊收入和住院收入耗费的成本水平，使用门诊收入成本率、住院收入成本率、百元收入药品、卫生材料消耗等指标进行分析。

偿债能力分析，主要反映医院当期使用资产偿还债务的能力，使用资产负债率、流动比率等指标进行分析。

资产运营能力分析，主要反映医院当期期末资产规模、结构、收益及质量情况，使用总资产周转率、应收账款周转率、存货周转率等指标进行分析。

发展能力分析，主要反映医院通过各种经济活动不断扩大积累而形成的发展潜能情况，使用总资产增长率、净资产增长率等指标进行分析。

工作效率分析，主要反映医院的病床、医疗设备利用率及出诊医生的工作效率情况。

第四节　公立医院内部控制评价与监督体系建设

一、公立医院内部控制评价与监督

（一）公立医院内部控制评价

1. 公立医院内部控制评价的内涵

内部控制评价是指医院内部审计部门或确定的牵头部门对本单位内部控制建立和实施的有效性进行评价，出具评价报告的过程。

2. 公立医院内部控制评价的目标

评价目标是公立医院内部控制评价体系的起点，它与内部控制的目标紧密相关。内部控制的目标是公立医院建立和执行内部控制的出发点，也是评价内部控制健全性和有效性的落脚点，因此，内部控制的目标不仅决定了内部控制运行的方式，也决定了内部控制评价目标的确定。医院内部控制的目标主要包括保证医院经济活动合法合规、资产安全和使用有效、财务信息真实完整，有效防范舞弊和预防腐败、提高资源配置和使用效益。公立医院内部控制的评价目标就是评价公立医院内部控制的设计以及执行是否能够达到内部控制的各个目标，或者说评价内部控制对其自身目标的实现程度。

3. 公立医院内部控制评价的基本原则

（1）坚持全面性原则

内部控制评价应当贯穿医院的各个层级，确保对单位层面和业务层面各类经济业务活动的全面覆盖，综合反映医院的内部控制水平。

（2）坚持重要性原则

内部控制评价应当在全面评价的基础上，重点关注重要业务事项和高风险领域，特别是涉及内部权力集中的重点领域和关键岗位，着力防范可能产生的重大风险。医院在选取评价样本时，应根据本单位实际情况，优先选取涉及金额较大、发生频次较高的业务。

（3）坚持问题导向原则

内部控制评价应当针对医院内部管理薄弱环节和风险隐患，特别是已经发生的风险事件及其处理整改情况，明确单位内部控制建立与实施工作的方向和重点。

（4）坚持适应性原则

内部控制评价应立足医院的实际情况，与单位的业务性质、业务范围、管理架构、经济活动、风险水平及其所处的内外部环境相适应，并采用以医院的基本事实作为主要依据的客观性指标进行评价。

4. 公立医院内部控制评价的主体

开展评价工作，要明确内部控制评价的主体，因为不同的评价主体可能出于不同的目的、站在不同的角度对内部控制进行评价，因此，只有明确评价的主体，才能保证评价结果的有效性。一般而言，内部控制评价可以分为内部评价和外部评价两个方面，因而评价的主体也不一样。

对公立医院而言，内部评价主要是指内部专职监督部门，如内部审计部门对内部控制开展的监督检查和自我评价活动；外部评价主要是由外部的监督部门，如财政部门、审计部门、监察部门等对内部控制开展的评价和监督活动。

5. 公立医院内部控制评价的对象

公立医院内部控制评价是评价内部控制目标的实现程度，是对内部控制的有效性进行检验，即评价对象是内部控制的有效性。医院内部控制评价分为内部控制设计有效性评价和内部控制运行有效性评价。

（1）公立医院内部控制设计有效性评价

内部控制的设计是其运行有效的前提。没有设计的有效性，就谈不上运行的效率效果。评价内部控制设计有效性时，主要关注与单位层面和业务层面相关的内部控制要素是否全面具体且满足相关的制度标准，在经济活动的重大风险点上是否存在内部控制设计缺陷。

公立医院内部控制设计有效性评价应当关注以下几方面：

第一，是否覆盖本单位经济活动及相关业务活动、是否涵盖所有内部控制关键岗位、关键部门及相关工作人员和工作任务。

第二，是否对重要经济活动及其重大风险给予足够关注，并建立相应的控制措施。

第三，是否重点关注关键部门和岗位、重大政策落实、重点专项执行和高风险领域。

第四，是否根据国家相关政策、单位经济活动的调整和自身条件的变化，适时调整内部控制的关键控制点和控制措施。

（2）公立医院内部控制运行有效性评价

内部控制在有效设计的条件下，更要得到有力执行，才能保证内部控制目标的实现。内部控制运行的有效性主要是检查单位层面和业务层面的内部控制是否按设计的制度、程序、标准得到贯彻执行，是否存在部分执行或完全没有执行的情况。内部控制运行有效性评价应当关注以下几方面：

第一，各项经济活动及相关业务活动在评价期内是否按照规定得到持续、一致的执行。

第二，内部控制机制、内部管理制度、岗位责任制、内部控制措施是否得到有效执行。

第三，执行业务控制的相关人员是否具备必要的权限、资格和能力。

第四，相关内部控制是否有效防范了重大差错和重大风险的发生。

6. 公立医院内部控制评价的方法

（1）个别访谈法

个别访谈法主要用于了解医院内部控制的现状，在单位层面和业务层面内部控制评价的了解阶段经常使用。访谈前应根据内部控制评价需求形成访谈提纲，撰写访谈纪要，记录访谈的内容。为了保证访谈结果的真实性，应尽量访谈不同岗位的人员以获得更可靠的证据。如分别访谈人力资源部主管和基层员工，医院是否建立了员工培训长效机制，培训是否能满足员工和业务岗位需要。

（2）调查问卷法

调查问卷法主要用于单位层面内部控制评价。调查问卷应尽量扩大对象范围，包括医院各个层级员工，应注意事先保密，题目尽量简单易答（如答案只需为"是""否""有""没有"等）。

（3）专题讨论法

专题讨论法主要是集合有关专业人员就内部控制执行情况或控制中存在的问题进行分析，既可以是控制评价的手段，也是形成缺陷整改方案的途径。对于同时涉及财务、业务、信息技术等方面的控制缺陷，往往需要由内部控制管理部门组织召开专题讨论会议，综合内部各部门、各方面的意见，研究确定缺陷整改方案。

（4）穿行测试法

穿行测试法是指在内部控制流程中任意选取一笔交易作为样本，追踪该交易从最初起源直到最终在财务报表或其他管理报告中反映出来的过程，即该流程从起点到终点的全过程，以此了解控制措施设计的有效性，并识别出关键控制点的方法。

（5）实地查验法

实地查验法主要针对业务层面内部控制评价，它通过将统一的测试工作表与实际的业务、财务单证进行核对的方法进行控制测试，如实地盘点某种存货。

（6）抽样法

抽样法分为随机抽样法和其他抽样法。随机抽样法是指按随机原则从样本库中抽取一定数量的样本的方法；其他抽样法是指人工任意选取或按某一特定标准从样本库中抽取一定数量的样本的方法。使用抽样法时，内部控制管理部门首先要确定样本库的完整性，即样本库应包含符合控制测试要求的所有样本；其次要确定抽取样本的充分性，即样本的数量应当能检验所测试的控制点的有效性；最后要确定抽取样本的适当性，即获取的证据应当与所测试控制点的设计和运行相关，并能可靠地反映控制的实际运行情况。

(7) 比较分析法

比较分析法是指通过数据分析，识别评价关注点的方法。数据分析可以与历史数据、行业（公司）标准数据或行业最优数据等进行比较。

在实际评价工作中，以上这些方法可以配合使用。此外，还可以使用观察、检查、重新执行等方法，也可以利用信息系统开发检查方法，或利用实际工作和检查测试经验。对于医院通过系统采用自动控制、预防控制的，应在方法上注意与人工控制、发现性控制的区别。

7. 公立医院内部控制评价的实施步骤

(1) 制定评价工作方案

拟定的内部控制评价工作方案，要明确评价范围、工作任务、人员组织、进度安排和费用预算等相关内容。年度内部控制评价工作方案须报医院管理层批准同意后实施。

(2) 组成评价工作组

评价工作组要保持与医院内部控制建设工作组的独立性。评价工作组成员由医院内部相关部门或熟悉单位情况、参与日常监控的负责人或其他管理人员参加，必要时可聘请业务和管理方面的专家或具备资质的中介机构。评价工作组成员应具备独立性、业务胜任能力和职业道德素养。评价工作组成员对本部门或单位的内部控制评价工作实行回避制度。

(3) 组织内部控制自我评估

医院各部门可以自行填写内部控制自我评估表，并撰写内部控制自我评估报告。各部门填报内部控制自我评估表和内部控制自我评估报告应真实、完整，不得瞒报和虚报。评价工作组结合各部门内部控制自我评估报告，确定评价内容及重点，实施内部控制评价。

(4) 实施现场测试

评价工作组综合运用个别访谈法、调查问卷法、专题讨论法、穿行测试法、实地查验法、抽样法和比较分析法，对被评价单位内部控制设计与运行的有效性实施现场测试，充分收集被评价部门、单位内部控制设计和运行是否有效的证据，按照评价的具体内容，如实填写评价工作底稿，研究分析内部控制缺陷。内部控制评价工作底稿，要详细记录执行评价工作的内容，包括评价要素、主要风险点、采取的控制措施、实际运行结果以及认定结论等。

（5）认定控制缺陷

评价工作组根据现场测试获取的证据，对内部控制缺陷进行初步认定。

（6）汇总评价结果

评价工作组编制内部控制缺陷认定汇总表，对内部控制缺陷及其成因、表现形式和影响程度进行综合分析和全面复核，提出认定意见，经评价工作组组长签字确认后，报医院管理层。

（7）编报评价报告

评价工作组根据内部控制评价工作底稿和内部控制缺陷汇总表等资料，按照规定的程序和要求，及时编制内部控制评价报告，准确反映内部控制评价结果。

（二）公立医院内部控制监督

公立医院作为公共医疗卫生服务体系的支柱，其内部控制监督机制的健全与否直接关系到医疗服务的质量、公共资源的合理使用以及社会公众的信任度。内部控制监督，作为确保医院运营合规、高效、透明的重要环节，主要由内部审计部门和内部纪检监察部门共同承担，通过对内部控制建立和实施情况的持续监督，旨在预防风险、纠正偏差、促进治理结构的完善和管理水平的提升。

内部审计部门作为独立的监督机构，其核心职责在于评估和改善内部控制的效果，确保医院的财务报告、运营活动及合规性得到恰当的监控。审计人员需依据国家相关法律法规、行业规范及医院内部规章制度，制订详尽的审计计划，对关键业务流程、财务报告的真实性与完整性、资产安全、信息系统安全性等进行全面检查。通过审核文档、访谈员工、实地考察等方式，内部审计部门能够发现内部控制的薄弱环节，提出改进建议，帮助医院管理层及时堵塞漏洞，提升内部控制的有效性。

与此同时，内部纪检监察部门则聚焦于医院党风廉政建设和反腐败工作，负责监督和检查医院内部权力运行的廉洁性，以及相关政策、制度的执行情况。该部门通过建立健全廉政风险防控机制，对重点人员、重要岗位和关键环节实施动态监控，收集和评估廉政风险信息，确保医院业务活动在廉洁、公正的环境中展开。纪检监察部门还应推动建立和完善举报投诉机制,鼓励员工和社会公众参与监督,对违规违纪行为进行调查处理,形成有力震慑,营造风清气正的医院文化氛围。

为确保监督工作的有序进行,医院内部审计部门和纪检监察部门需密切配合,建立信息共享和协调联动机制。这意味着双方需定期交流监督发现的问题和改进建议,联合开展专项检查,将内部控制监督融入医院日常管理之中。此外,还应不断完善内部控制监督制度,明确监督职责、权限、程序和要求,确保监督工作的规范化、标准化和专业化。通过强化教育培训,提升监督人员的专业技能和职业道德水平,促使监督工作更加精准、高效,为公立医院的持续健康发展提供坚实的内部管控保障。

二、公立医院内部控制报告

(一) 公立医院内部控制报告及其主体

1. 公立医院内部控制报告概述

内部控制报告是指医院结合本单位实际情况,按照相关部门规定编制的、能够综合反映本单位内部控制建立与实施情况的总结性文件。

内部控制报告一般包括下列内容:①被评价单位对内部控制的真实性声明;②内部控制评价工作的总体情况;③内部控制评价的依据;④内部控制评价的范围;⑤内部控制评价的程序和方法;⑥内部控制缺陷及其认定情况;⑦内部控制缺陷的整改情况或对重大缺陷拟采取的整改措施;⑧内部控制评价结论、意见、建议等。

2. 公立医院内部控制报告的主体

医院是内部控制报告的责任主体。单位主要负责人对本单位内部控制报告的真实性和完整性负责。

(二) 公立医院内部控制报告的编制原则

1. 全面性原则

内部控制报告应当包括医院内部控制的建立与实施、覆盖单位层面和业务层面各类经济业务活动，能够综合反映医院的内部控制建设情况。

2. 重要性原则

内部控制报告应当重点关注医院重点领域和关键岗位，突出重点、兼顾一般，推动医院围绕重点开展内部控制建设，着力防范可能产生的重大风险。

3. 客观性原则

内部控制报告应当立足医院的实际情况，坚持实事求是，真实、完整地反映医院内部控制建立与实施情况。

4. 规范性原则

医院应当按照规定的统一报告格式和信息要求编制内部控制报告，不得自行修改或删减报告和附表格式。

（三）公立医院内部控制报告的编制

1. 公立医院内部控制报告的报送程序

医院向上级卫生健康行政部门或中医药主管部门报送内部控制报告，各级卫生健康行政部门或中医药主管部门汇总所属医疗机构报告后，形成部门内部控制报告向同级财政部门报送。

2. 公立医院内部控制报告的编制要求

医院应当根据本单位年度内部控制工作的实际情况和取得的成效，以能够反映内部控制工作基本事实的相关材料为支撑，按照财政部门发布的统一报告格式编制内部控制报告。反映内部控制工作基本事实的相关材料一般包括会议纪要、内部控制制度、业务流程图、风险评估报告、内部控制培训材料等。

3. 公立医院内部控制报告的使用要求

医院应当加强对本单位内部控制报告的使用，通过对内部控制报告反映的信息进行分析，及时发现内部控制建设工作中存在的问题，进一步健全制度，完善监督措施，确保内部控制有效实施。

第五章 税收原理及政策机制

第一节 税收的基本认识

一、税收的基本特性

税收的形式特征，通常被概括为"税收三性"，即税收作为一种分配形式，同其他分配形式相比，具有强制性、无偿性和固定性的特征。这是税收这种财政收入形式区别于其他财政收入形式的基本标志。

（一）强制性

税收的强制性，是指税收的征收凭借的是国家的政治权力，是通过国家法律形式予以确定的。纳税人必须根据税法的规定照章纳税，违反规定的要受到法律制裁。税收的强制性表现为国家征税的直接依据是政治权力而不是生产资料的直接所有权，国家征税是按照国家意志依据法律来征收的，而不是按照纳税人的意志自愿缴纳的。税收的强制性，要求将征税主体和纳税主体全部纳入国家的法律体系之中，实际上是将强制性与义务性相结合。

（二）无偿性

税收的无偿性，是指税收是价值的单方面的转移（或索取），国家取得税收收入既不需要偿还，也不需要对纳税人付出任何代价。税收的这种无偿性特征，是针对具体的纳税人而言的，即税款缴纳后和纳税人之间不再有直接的返还关系，税收的无偿性使得国家可以把分散的财力集中起来统一安排使用，满足国家行使其职能的需要。然而，国家征税并不是最终目的，国家取得税收收入还要以财政支出的形式用于满足社会公共需要。每个纳税人都会或多或少地从中取得收益，尽管其所获收益与所纳税款在量上不对等。因此，税收的无偿性也不是绝对的，从长远看是"取之于民，用之于民"的。

(三) 固定性

税收的固定性，是指征税要依据国家法律事先"规定"的范围和比例，并且这种"规定"要有全国的统一性、历史的连续性和相对的稳定性。国家在征税前就要通过法律形式，预先规定课征对象和征收数额之间的数量比例，把对什么征、对谁征和征多少固定下来，不能随意改变。税收的固定性还有征收的连续性的含义，即国家通过制定法律来征税，就要保持它的相对稳定性，这样有利于纳税人依法纳税。当然，对税收固定性的理解也不能绝对化，随着社会生产力和生产关系的发展变化、经济的发展以及国家利用税收杠杆的需要，税收的征收对象、范围和征收比例等不可能永远固定不变，只是在一定时期内稳定不变。因此，税收的固定性只能是相对的。税收的固定性有利于保证国家财政收入的稳定，也有利于维护纳税人的法人地位和合法权益。

二、税收的类型及分析

(一) 流转税类

流转税又称流转课税、流通税，指以纳税人商品生产、流通环节的流转额或者数量以及非商品交易的营业额为征税对象的一类税收。流转税是商品生产和商品交换的产物，各种流转税（如增值税、消费税、关税等）是政府财政收入的重要来源。

流转税的课税对象是流转额，包括商品流转额和非商品流转额。其中商品流转额是指商品交换过程中发生的交易额，非商品流转额是指交通运输、邮电通信以及各种服务行业的营业收入额。

流转税与商品的交换相联系，商品无处不在，又处于不断流动之中，决定流转税的征收范围十分广泛；流转税的税率采用比例税率或定额税率，计算简便，易于征收；流转税产生于商品交换过程，表面上看是生产销售者纳税，实际上纳税人可以通过商品交换进行税负转嫁。基于以上方面的原因，流转税对保证国家财政收入有着重要作用，同时，流转税对生产、消费有一定的调节作用，因此，流转税一直是我国的主体税种。我国的流转税类主要包括增值税、消费税、关税。

1. 流转税的特性

（1）征收范围广泛

流转税以商品生产、交换和提供商业性劳务为征税前提，征税范围较为广泛，既包括第一产业和第二产业的产品销售收入，也包括第三产业的营业收入；既对国内商品征税，也对进出口的商品征税，税源比较充足。

（2）以商品流转额为课税对象

流转税以商品、劳务的销售额和营业收入作为计税依据，一般不受生产、经营成本和费用变化的影响，可以保证国家能够及时、稳定、可靠地取得财政收入。

（3）实行比例税率

流转税普遍实行比例税率，只有少数税种或税目实行定额税率。

（4）征收方法简便易行

流转税以商品流转额为计税依据，与商品成本和盈利水平无关，主要采用比例税率计征，所以操作方法简便。

（5）税负有转嫁性

流转税一般具有间接税的性质，特别是在从价征税的情况下，税收与价格密切相关，便于国家通过征税体现产业政策和消费政策。

2. 流转税的类型

（1）增值税

增值税是对在我国境内生产、销售、进口货物以及提供加工、修理修配劳务的单位和个人，就其取得的销售额、营业额以及进口货物金额计算税款，并实行税款抵扣的一种流转税。从计税原理而言，增值税是对商品生产和流通中各环节的新增或商品附加值征税，所以称为"增值税"。

第一，增值税的类型。增值税按对外购固定资产处理方式的不同可划分为生产型增值税、收入型增值税和消费型增值税。

生产型增值税以纳税人的销售收入减去用于生产、经营的外购原材料、燃料、动力等物质资料价值后的余额为应税的增值额，对购入的固定资产及其折旧不予扣除，其税基为工资、租金、利息、利润和折旧之和，从整个社会角度看，相当于国内生产总值，因此，被称为生产型增值税。由于生产型增值税的税基包含着外购固定资产的价款，因此存在着对固定资产价值重复征税问题，这对于资本有机构成高的行业发展以及加快技术进步都有不利影响。生产型增值税的税基大于理论上的增值额，有利于扩大财政收入规模。

收入型增值税除允许扣除外购物质资料的价值以外，对于购置用于生产、经营的固定资产，允许将已提折旧的价值扣除，就整个社会而言，其税基相当于国民收入，因此被称为收入型增值税。收入型增值税的税基与理论增值额基本一致，从理论上讲是一种标准的增值税，可以在固定资产的折旧期内逐步解决重复征税问题。但是，在实行这种类型的增值税时，一方面需要划分外购和自制固定资产的折旧金额；另一方面外购固定资产的价款是以计提折旧的方式转入产品价值的，这就使凭发票扣税的计算方法在操作上存在一定困难，所以在实际应用上基本没有国家采用这种类型的增值税。

消费型增值税允许将购置物质资料的价值和用于生产经营的固定资产价值中所含的价款，在购置时一次扣除，其税基为纳税人当期的销售收入总额扣除外购的全部生产资料价款后的余额，就全社会而言，全部生产资料都不在征税之列，增值税的税基仅限于社会消费资料价值，因此被称为消费型增值税。采用消费型增值税时，允许将外购固定资产的已纳税金一次性全部扣除，实际上具有补偿固定资产价值的性质，客观上可以发挥鼓励投资、加速设备更新的作用。由于消费型增值税可以彻底解决重复征税问题，有利于技术进步，因此这种类型的增值税在大多数国家得到采用。由于消费型增值税的税基小于理论上的增值额，对组织财政收入有一定的不利影响。

第二，增值税的特点。增值税作为一种流转税，既保留了按流转额征税的优点，也避免了按流转额征税的不足，其主要特点见表5-1。

表 5-1　增值税的特点

特点	说明
不重复征税，具有中性税收的特征	增值税具有中性税收的特征，是因为增值税只对货物或劳务销售额中没有征过税的那部分增值额征税，对销售额中属于转移过来的、以前环节已征过税的那部分销售额则不再征税，从而有效地排除了重叠征税因素。增值税税率档次少，其绝大部分货物一般也都是按一个统一的基本税率征税。这不仅使得绝大部分货物的税负是一样的，而且同一货物在经历的所有生产和流通的各环节的整体税负也是一样的。这种情况使增值税对生产经营活动以及消费行为基本不发生影响，从而使增值税具有了中性税收的特征
逐环节征税，逐环节扣税	作为一种流转税，增值税保留了传统间接税按流转额全值计税和逐环节征税的特点，同时还实行税款抵扣制度，即在逐环节征税的同时，还实行逐环节扣税。随着各环节交易活动的进行，经营者在出售货物的同时也转嫁了该货物所承担的增值税税款，直到货物卖给最终消费者时，货物在以前环节已纳的税款连同本环节的税款也向最终消费者转稼。可见，增值税税负具有逐环节向前推移的特点，纳税人同负税人分离
税基广阔，具有征收的普遍性和连续性	无论是从横向看还是从纵向看，增值税都有着广阔的税基。从生产经营的横向关系看，无论工业、商业或者劳务服务活动，只要有增值收入就要纳税；从生产经营的纵向关系看，每一货物无论经过多少生产经营环节，都要按各道环节上发生的增值额逐次征税
普遍征收	现行增值税普遍适用于生产、批发、零售和进口商品及加工、修理修配等领域的各个环节
价外计税	增值税实行价外计税的办法，即以不含增值税税额的价格为计税依据。销售商品时，增值税专用发票上要分别注明增值税税款和不含增值税的价格，以消除增值税对成本、利润、价格的影响。需要指出的是：增值税的价外计税绝非在原销售价格之外再课征增值税，而是要求在销售商品时，将原来含税销售款中的商品价格和增值税，分别列于增值税的专用发票上

续表

特点	说明
专用发票	在全国范围内使用统一的增值税专用发票，实行根据发票注明税金进行税款抵扣的制度，即除直接向消费者销售货物或应税劳务、销售免税货物、小规模纳税人销售货物及应税劳务等情形必要时应开具普通发票外，企业对外销售其他应税货物或劳务时，必须向购买方开具增值税专用发票。这样，企业即可依据增值税专用发票上记载的销项税款与购买时所付进项税款相抵后的余额，核定企业当期应纳的增值税。增值税专用发票避免了重复征税现象，明确了购销双方之间的纳税利益关系
纳税人分两类	由于我国增值税实行凭专用发票进销抵扣制，因此要求纳税人会计制度健全，能够提供纳税期限内发生的进项税额、销项税额和应纳税额等数据，能够及时准确申报纳税期的数据报表。由于纳税人的实际情况参差不齐，所以我国将增值税的纳税人按经营规模大小和会计核算制度是否健全划分为一般纳税人和小规模纳税人两种，对一般纳税人采用常规的凭专用发票进销抵扣办法计征，而对小规模纳税人则采取简易征税办法计税

第三，增值税的征税范围。增值税征税范围的一般规定：在我国境内销售货物或提供加工、修理修配劳务，销售服务、无形资产、不动产以及进口货物的单位和个人，都属增值税纳税人。"货物"，是指有形动产，包括电力、热力、气体在内。"销售货物"，是指有偿转让货物的所有权。凡是把货物的所有权交给购买方，并从购买方取得货币、货物或其他经济利益，都属于销售货物。"加工"，是指受托加工货物的业务，即委托方提供原料、主要材料，受托方按照委托方的要求，制造货物并收取加工费的业务。"修理修配"，是指受托对损伤和丧失功能的货物进行修复，使其恢复原状和功能的业务。

增值税征税范围的特殊项目包括：货物期货（包括商品期货和贵金属期货），在期货的实物交割环节纳税；银行销售金银的业务，典当业的死当物品销售业务和寄售业代委托人销售寄售物品的业务，集邮商品（如邮票、首日封、邮折等）的生产，以及邮政部门以外的其他单位和个人销售的，均应征收增值税。

增值税征税范围的特殊行为包括：视同销售行为、符合条件的混合销售行为和兼营非应税劳务行为，是属于增值税征收范围的特殊行为，需按规定缴纳增值税。

第四，增值税的征收管理。首先，增值税的纳税义务发生时间。按销售结算方式的不同，具体为：①采取直接收款方式销售货物，已将货物移送对方并暂估销售收入入账，但既未取得销售款或取得索取销售款凭据也未开具销售发票的，其增值税纳税义务发生时间为取得销售款或取得索取销售款凭据的当天；先开具发票的，为开具发票的当天。②采取托收承付和委托银行收款方式销售货物，为发出货物并办妥托收手续的当天。③采取赊销和分期收款方式销售货物，为按合同约定的收款日期的当天，无书面合同或书面合同没有约定收款日期的，为货物发出的当天。④采取预收货款方式销售货物，为货物发出的当天，但生产销售生产工期超过12个月的大型机械设备、船舶、飞机等货物，为收到预收款或者书面合同约定的收款日期的当天。⑤委托其他纳税人代销货物，为收到代销单位销售的代销清单或者为收到全部或部分销货款的当天；对于发出代销商品超过180天仍未收到代销清单及货款的，视同销售实现，计算时间为满180天的当天。⑥销售应税劳务，为提供劳务同时收讫销售额或取得索取销售额的凭据的当天。⑦纳税人发生按规定视同销售的行为（将货物交付他人代销、销售代销货物除外），为货物移送的当天。⑧进口货物，为报关进口的当天。

其次，增值税的纳税期限。增值税的纳税期限分别为1日、3日、5日、10日、15日、1个月或1个季度；纳税人的具体纳税期限，由主管税务机关根据纳税人应纳税额的大小分别核定；不能按期纳税的，可以按次纳税。以1个月或1个季度为1个纳税期的纳税人，自期满之日起15日内申报纳税；以1日、3日、5日、10日或15日为1个纳税期的纳税人，自期满之日起5日内预缴税款。于次月1日起15日内申报纳税，并结清上月应纳税款。进口货物应纳的增值税，应当自海关填发海关进口增值税专用缴款书之日起15日内缴纳税款。

最后，增值税的纳税地点。为了保证纳税人按期申报纳税，根据企业跨地区经营和搞活商品流通的特点及不同情况，增值税的纳税地点。

第五，增值税专用发票的管理。纳税人发生应税销售行为，应当向索取增值税专用发票的购买方开具增值税专用发票,并在增值税专用发票上分别注明销售额和销项税额。

一般纳税人有下列情形之一者,不得开具增值税专用发票:应税销售行为的购买方为消费者个人的;发生应税消费行为适用免税规定的。

(2) 消费税

消费税是对在我国境内从事生产、委托加工和进口应税消费品的单位和个人,就其销售额或销售数量,在特定环节征收的一种税。简单地说,消费税是对特定的消费品和消费行为征收的一种税。消费税具有征税范围具有选择性、征收方法具有多样性、税收调节具有特殊性、税负具有转嫁性等特点。

3. 流转税的内容

(1) 流转税的课税对象

流转税的课税对象是商品或劳务的流转额,具体又可划分为总值型和增值型两类。总值型的商品课税对象是指以商品流转或提供劳务服务取得的收入总额为课税对象,这种方法相对于增值型而言,税基大,在多环节征税的情况下会引起重复征税、重叠征税,不利于产品间和企业间税负平衡,但税收核算简便,征收难度降低。增值型的流转税课税对象是商品生产经营者经营或提供劳务的增值额,相对于总值型来说,税基缩小了,可以减少或消除重复征税,减少产品或企业间税负不平衡的问题,但是在税收核算和征管难度上会增大。目前我国的流转税类中,增值税是以增值额为课税对象,消费税是以生产环节的销售额为征税对象。

(2) 流转税的征收范围

关于流转税的征税范围有三种观点:第一,流转税对商品普遍征税,包括消费品和资本品。第二,流转税应当只对消费品征税,对资本品不予征税。第三,流转税应当选择少数消费品征税,也就是流转税对资本品和大部分消费品不征税。考虑到我国的实际情况和以上三种观点的特点,我国流转税的征收范围既有普遍征收,也有对特殊消费品的选择性征税。

(3) 流转税的纳税人

流转税的纳税人是从事商品生产、销售或提供应税劳务的单位或个人,以及进出口应税货物的单位和个人。因流转税在商品流转过程中,税负具有一定程度的转嫁性,所以流转税的纳税人有时会将其税收负担通过价格波动转嫁给他人承担,出现纳税人与负税人分离的现象。

(4) 流转税的税率

税率是税收制度的中心环节,关系到国家征税的多少和纳税人税收负担。流转税因其征收范围广泛,征收环节多,为了便于操作,通常采用比例税率形式,一方面体现流转过程中税收的公平;另一方面也使流转税便于征收、便于管理。流转税的税率还采用定额税率,适用于那些从量征收的特殊产品。

(二) 所得税类

所谓所得税,就是以纳税人的所得为课税对象征收的税收。所得税类中一般包括个人所得税、企业所得税和社会保障税。

1. 所得税的特性

(1) 税收负担的直接性

所得税一般由企业或个人作为纳税人履行纳税义务,并且最终承担税收负担,纳税人同时也是负税人,税负不能转嫁,所得税是以直接税形式存在的。

(2) 税收征收的公开性

所得税的征税对象是企业的收益或个人的收入,与纳税人的利益直接相关,容易引起纳税人的敏感反应,所以所得税的征收必须具有公开性、透明性的特点,接受纳税人方的监督。

(3) 通常按累进税率征收

所得税体现的是纳税人的所得在政府税收和纳税人的收益之间的分配关系,是税收的收入分配功能和经济调节功能的综合体现。目前,世界各国一般都会以累进税率为主来计算所得税的应纳税额并征收,充分展现税收的公平原则,使得税收负担与纳税人的承受能力保持和谐。

(4) 税收管理的复杂性

所得税是对纳税人的最终所得征收的税种,这就意味着所得税必须以纳税人的经营结果为征税对象,而纳税人的经营结果会受到来自经营过程的各种因素的影响，而且各个因素之间错综复杂，相互影响，会给所得税的征收和管理带来很大的难度。

2. 所得税的类型

(1) 企业所得税

企业所得税是以企业取得的生产经营所得和其他所得为征税对象征收的一种税。企业所得税具有以下特征：企业所得税的课税对象是纳税人的所得额；企业所得税是直接税，其纳税人与负税人是一致的；企业所得税是企业的一项费用支出；企业所得税征税原则体现为"量能负担"；所得税会计相对独立于企业财务会计核算体系。

第一，企业所得税的纳税义务人。企业所得税的纳税义务人是指在中华人民共和国境内的企业和其他取得收入的组织。

企业所得税的纳税人分为居民企业和非居民企业，这是根据企业纳税义务范围的宽窄进行的分类方法，不同的企业在向中国政府缴纳所得税时，纳税义务不同。把企业分为居民企业和非居民企业，是为了更好地保障我国税收管辖权的有效行使。税收管辖权是一国政府在征税方面的主权，是国家主权的重要组成部分。根据国际上的通行做法，我国选择了地域管辖权和居民管辖权的双重管辖权标准，最大限度地维护我国的税收利益。

居民企业是指依法在中国境内成立，或者依照外国（地区）法律成立但实际管理机构在中国境内的企业。这里的企业包括国有企业、集体企业、私营企业、联营企业、股份制企业、外商投资企业、外国企业，以及有生产、经营所得和其他所得的其他组织。其中，有生产、经营所得和其他所得的其他组织，是指经国家有关部门批准，依法注册、登记的事业单位、社会团体等组织。由于我国的一些社会团体组织、事业单位在完成国家事业计划的过程中，开展多种经营和有偿服务活动，取得除财政部门各项拨款、财政部和国家价格主管部门批准的各项规费收入以外的经营收入，具有了经营的特点，应当视同企业纳入征税范围。实际管理机构是指对企业的生产经营、人员、账务、财产等实施实质性全面管理和控制的机构。

非居民企业是指依照外国（地区）法律成立且实际管理机构不在中国境内，

但在中国境内设立机构、场所的，或者在中国境内未设立机构、场所，但有来源于中国境内所得的企业。

上述所称机构、场所是指在中国境内从事生产经营活动的机构、场所，包括：管理机构、营业机构、办事机构；工厂、农场、开采自然资源的场所；提供劳务的场所；从事建筑、安装、装配、修理、勘探等工程作业的场所；其他从事生产经营活动的机构、场所。

非居民企业委托营业代理人在中国境内从事生产经营活动的，包括委托单位或者个人经常代其签订合同，或者储存、交付货物等，该营业代理人视为非居民企业在中国境内设立的机构、场所。

第二，企业所得税的征税对象（表5-2）。

表 5-2　企业所得税的征税对象

征税对象	说明
居民企业	居民企业应就来源于中国境内、境外的所得作为征税对象。说明包括销售货物所得、提供劳务所得、转让财产所得、股息红利等权益性投资所得，以及利息所得、租金所得、特许权使用费所得、接受捐赠所得和其他所得
非居民企业	非居民企业在中国境内设立机构、场所的，应当就其所设机构、场所取得的来源于中国境内的所得，以及发生在中国境外但与其所设机构、场所有实际联系的所得缴纳所得税，或者虽设立机构、场所但取得与其机构、场所没有实际联系的，应当就其来源于中国境内的所得缴纳企业所得税

第三，所得来源的确定。纳税人各种所得按照下列原则确定其所得来源地：①销售货物所得，按照交易活动发生地确定；②提供劳务所得，按照劳务发生地确定；③转让财产所得，不动产转让所得按照不动产所在地确定，动产转让所得按照转让动产的企业或者机构、场所所在地确定，权益性投资资产转让所得按照被投资企业所在地确定；④股息、红利等权益性投资所得，按照分配所得的企业所在地确定；⑤利息所得、租金所得、特许权使用费所得，按照负担、支付所得的企业或者机构、场所所在地确定，或者按照负担、支付所得的个人的住所地确定；⑥其他所得，由国务院财政、税务主管部门确定。

第四，企业所得税的税率。企业所得税税率是体现国家与企业分配关系的核心要素。税率设计的原则是兼顾国家、企业、职工个人三者利益，既要保证财政收入的稳定增长，又要使企业在发展生产、经营方面有一定的财力保证。既要考虑到企业的实际情况和负担能力，又要维护税率的统一性。

企业所得税实行比例税率。比例税率简便易行，透明度高，不会因征税而改变企业的收入分配比例，有利于促进效率的提高。

第五，企业所得税的纳税地点。除税收法律、行政法规另有规定外，居民企业以企业登记注册地为纳税地点；但登记注册地在境外的，以实际管理机构所在地为纳税地点。企业注册登记地，是指企业依照国家有关规定登记注册的住所地。

第六，企业所得税的纳税期限。企业所得税按年计征，分月或者分季预缴，年终汇算清缴，多退少补。

第八，企业所得税的纳税申报。按月或按季预缴的，应当自月份或者季度终了之日起15日内，向税务机关报送预缴企业所得税纳税申报表，预缴税款。

（2）个人所得税

个人所得税是以个人（自然人）取得的各项应税所得为对象征收的一种税。

第一，个人所得税的纳税义务人。个人所得税，以所得人为纳税义务人，这些纳税义务人依据其住所和居住时间两个标准，分为居民个人和非居民个人两种。

第二，个人所得税的征税范围。应税所得项目也是个人所得税的征税对象与征税范围。应税所得项目具体内容如下（表5-3）。

表5-3 个人所得税的征税范围

项目	说明
工资、薪金所得	工资、薪金所得是指个人因任职或受雇而取得的工资、薪金、奖金、年终加薪、劳动分红、津贴、补贴以及与任职或者受雇有关的其他所得
经营所得	经营所得是指：①个体工商户从事生产、经营活动取得的所得，个人独资企业投资人、合伙企业的个人合伙人来源于境内注册的个人独资企业、合伙企业生产、经营的所得；②个人依法从事办学、医疗、咨询以及其他有偿服务活动取得的所得；③个人对企业、事业单位承包经营、承租经营以及转包、转租取得的所得；④个人从事其他生产、经营活动取得的所得

续表

项目	说明
劳务报酬所得	劳务报酬所得指个人从事劳务取得的所得，包括个人从事设计、装潢、安装、制图、化验、测试、医疗、法律、会计、咨询、讲学、翻译、审稿、书画、雕刻、影视、录音、录像、演出、表演、广告、展览、技术服务、介绍服务、经纪服务、代办服务以及其他劳务报酬的所得
稿酬所得	稿酬所得是指个人因其作品以图书、报刊等形式出版、发表而取得的所得
特许权使用费所得	特许权使用费所得是指个人提供专利权、商标权、著作权、非专利技术以及其他特许权的使用权取得的所得。根据税法规定，提供著作权的使用权取得的所得，不包括稿酬所得
利息、股息、红利所得	利息、股息、红利所得，是指个人拥有债权、股权等而取得的利息、股息、红利所得
财产租赁所得	财产租赁所得是指个人出租不动产机器设备、车船以及其他财产取得的所得
财产转让所得	财产转让所得是指个人转让有价证券、股权、合伙企业中的财产份额、不动产、机器设备、车船以及其他财产取得的所得
偶然所得	偶然所得是指个人得奖、中奖、中彩以及其他偶然性质的所得
其他所得	难以界定应税项目的个人所得由国务院税务主管部门确定

3. 所得税的课征方式

（1）分类所得税

分类所得税就是将纳税人的各类所得划分成若干类别，对不同类别的所得，以不同的税率课征。分类所得税课税对象简单，课征简便，能较好地体现纳税人相互之间的横向公平比较，但是难以体现税收的纵向公平。

（2）综合所得税

综合所得税就是将纳税人在一定时期内的各种所得综合起来，减去法定的减免和扣除项目，就其余额按累进税率进行征税。综合所得税的课税范围广，能体现纳税能力的综合差异，但是由于综合所得税是将纳税人的收入总和在一起，所以在操作上手续烦琐、计算复杂。

(3) 分类综合所得税

分类综合所得税也称混合税制，就是将分类所得税和综合所得税的优点兼收并蓄，相互结合。这种类型的所得税的征收办法，就是先按分类所得税征收办法课征，然后在纳税年度结束时，综合纳税人全年各项所得，再计算综合应纳税额。分类课征阶段已经缴纳的税款，在综合计算应纳税额时可以予以抵扣，综合汇总后，实行多退少补。分类综合所得税是当今世界各国广泛实行的所得税课税类型，它反映了综合所得税与分类所得税的趋同态势，其优点在于，一方面坚持了按支付能力课税的原则，对纳税人不同来源的收入实行综合计算征收；另一方面又坚持了对不同性质的收入实行区别对待的原则，对所列举的特定收入项目按特定方法和税率课征。

第二节　税收原则与税收效应

一、税收原则

税收原则是政府在设计税制和实施税法过程中所遵循的准则，也是评价税收制度优劣和考核税务行政效率的基本标准。税收原则反映了一个国家在一定时期、一定社会经济条件下的治税思想。

(一) 公平原则

税收的公平原则是指国家征税要使纳税人承受的负担与其经济状况相适应，并使纳税人之间的负担水平保持平衡。税收的公平原则包括普遍征税和平等征税两个方面。所谓普遍征税，通常是指征税遍及税收管辖之内的所有法人和自然人。所谓平等征税，通常是指国家征税的比例或数额与纳税人的负担能力相称。衡量税收公平的标准主要有以下原则。

1. 量能负担原则

量能负担原则要求按照人们的负担能力来分担税收，通常用收入水平来衡量人们的负担能力，按照人们收入的多少进行课税。根据这一原则，所得多、负担能力强的人多纳税，所得少、负担能力弱的人少纳税。普遍征税是征税的一个基本前提，但政府征税的一个目的，就是通过政府支出改善人们的生活条件和生活环境，提高人们的生活水平，所以对那些负担能力弱或没有负担能力的人，为了保证其基本生活需要，政府不应向其征税。而且，在一定条件下政府要通过财政转移支付，向他们提供必要的生活补助。

2. 机会均等原则

机会均等原则要求按企业或个人获利机会的多少来分担税收。获利机会多的企业和个人多纳税，获利机会相同的企业或个人缴纳相同的税。企业或个人获利机会的多少是由他拥有的经济资源决定的，包括人力资源、财力资源和自然资源等。对这些资源在占有方面的差异，使得一部分企业或个人在市场竞争中处于有利地位；而另一部分企业或个人则处于不利地位。处于有利地位者可以凭借其各种经济优势，扩大市场占有份额甚至垄断市场，妨碍市场竞争，降低资源配置效率。因此，国家应当通过适当的税收政策调节、改变竞争环境，使竞争者展开公平竞争。

3. 受益原则

受益原则要求按纳税人在政府公共支出中受益程度的大小来分担税收。根据这种标准，从政府公共服务中享受相同利益的纳税人，意味着具有相同的福利水平，因此，他们应负担相同的税，以实现横向公平；享受到较多利益的纳税人具有较高的福利水平，换言之，他们应负担较高的税，以实现纵向公平。因此，谁受益谁纳税，受益多的人多纳税，受益少的人少纳税，受益相同的人负担相同的税是非常公平的。在现实生活中，如对公路、桥梁通行费征收营业税以及征收社会保障税等往往体现了受益原则，但在许多情况下受益水平是不好衡量的，如行政管理费等，因享用程度不可分解而不适用受益原则。

(二) 效率原则

1. 税收的经济效率

税收的经济效率是指政府征税应有利于资源有效配置和经济机制的运行，即促进经济效率的提高或者对经济效率的不利影响最小。税收的经济效率是从整个经济系统的范围来看税收的效率原则的，主要从征税过程对纳税人以及整个国民经济的正负效应方面来判断税收是否有效率。这就有一个税收的经济成本与经济收益的比较问题。一般来看，对税收的经济效率主要从两个方面来考察：一是税收的额外负担最小化，二是税收的额外收益最大化。

现代经济学运用帕累托效率来衡量经济效率。帕累托效率是指这样一种状态，即资源配置的任何重新调整都已不可能使一些人的境况变好而又不使另一些人的境况变坏，那么这种资源配置已经使社会效用达到最大，这种资源配置状态就是资源的最优配置状态，称为帕累托最优。如果达不到这种状态，就说明资源配置的效率不是最佳，还需要进行重新调整。由于在现实经济生活中，大多数的经济活动都可能是通过使一部分人的境况变坏，从而使另一部分人的境况变好，但总的社会效益会变得更好，所以，效率的实际含义可以解释为经济活动上的任何措施都应当使"得者的所得大于失者的所失"，或从全社会看宏观上的所得要大于宏观上的所失。如果做到这一点，经济活动就是有效率的。一般认为，征税同样存在"得者的所得大于失者的所失"的利弊比较问题。征税在将社会资源从纳税人手中转移到政府部门的过程中，势必会对经济产生影响。若这种影响限于征税数额本身，则为税收的正常负担；若除了这种正常负担之外，经济活动因此受到干扰和阻碍，社会利益因此受到削弱，便会产生税收的额外负担。

征税过程会对经济运行产生积极的影响。政府征税可以将政府的意图体现在税收制度和税收政策中，起到调节经济、稳定经济的作用，社会经济活动因此而得到促进，社会利益因此而得到增加，征税过程特别是税收政策的运用能够提高资源配置效率和宏观经济效益，这样就产生了税收的额外收益。如国家通过征税引导产业结构调整、矫正负的外部经济行为等，都会促进资源的有效配置，提高宏观经济效益。比如，在经济可持续发展战略的条件下，通过征收环境税以及其他政策措施，运用税收限制环境污染的产生，鼓励环保产业的发展，使整个税制体现环保要求，抑制或减少环境污染和生态破坏，并最终实现可持续发展，这就是典型的税收产生的额外收益。因此，不仅要着眼于税收额外负担最小化，还要着眼于税收额外收益最大化，税收的效率原则就是要尽量增加税收的额外收益，减少税收的额外负担。

2. 税收的行政效率

税收的行政效率是指征税管理部门本身的效率，它可以通过一定时期直接征纳成本与入库的税收收入的对比进行衡量。入库的税收收入是税收的直接收益。税收的征纳成本，一是税务机关的行政费用，包括税务机关工作人员的工资、津贴等人员经费和税务机关在征税过程中所支付的交通费、办公费、差旅费等公用费用，以及用于建造税务机关办公大楼等的各种费用开支；二是纳税执行费用，包括纳税人雇佣会计师、税收顾问、职业税务代理人等所花费的费用，企业为个人代缴税款所花费的费用，以及纳税人在申报纳税方面发生的其他各种费用等。一般来说，税收的征纳成本与入库的税收收入之间的比率越小，税收行政效率就越高；反之，则越低。

二、税收效应

（一）税收效应的本质

第一，国家视角下的税收效应。税收效应是指国家征税后所引起的各种反应。国家征税的程度和效果，不一定完全符合国家的意愿，纳税人或社会的反应可能与国家目标保持一致，但也可能是与国家的意愿不一致。如税负过重或征收方法不合理，可能会造成纳税人不敢全力地发挥其生产能力；国家征收某种税，旨在促进社会资源配置优化，但结果可能会适得其反。诸如此类的反应，即属于税收效应。

第二，纳税人视角下的税收效应。税收效应是指纳税人因纳税活动而在其经济选择或行为方面做出的反应。国家征税的目的除满足财政收入外，还要对经济活动施加某种影响，即通常所说的税收经济调节作用，而该作用就会带来税收的超额负担。所谓税收的超额负担是指由于征税引起的相对价格的改变,从而引起纳税人对消费、生产和投资动机的改变,因而减少了征税以前经济选择所能取得的经济福利。

(二)税收效应的形式

第一,税收的行为效应。行为效应是指由于国家征税而导致的对纳税人经济或社会行为方式的各种影响。如征税或增加某种税收,而使纳税人经济境况发生改变等。

第二,税收的财政效应。财政效应又称结算效应,是指税收对经济交易形成的收入影响。有时这种影响比对交易本身所施加的影响更大,并最终反映到财政收入的数量上。

第三,税收的告示效应。告示效应是指国家通告在征收该种税之前,对那些涉及范围内的货物和财产的相对价格或交易方式受到的影响。

第四,税收的连锁效应。税收的连锁效应又称一般均衡效应,是指对某一经济变量课征的税收通过间接方式对一系列其他经济变量发生的影响。

(三)税收效应分类

1. 正效应与负效应

税收的正效应是指纳税人履行纳税义务或产生的效果与国家征税目的一致的状况。一般而言,国家开征的绝大部分税种,即属此类。税收负效应是指纳税人履行纳税义务或产生的效果与国家征税的目的相背离的状况。国家征收某种税,究竟是产生正效应还是产生负效应,可用征收该税取得的收入环比增长率来测定。

2. 收入效应与替代效应

从税收对纳税人的影响来看,一般能产生税收收入效应或替代效应,或两者兼有。所谓税收收入效应是指国家征税减少纳税人可自由支配的所得或改变纳税人相对所得的状况,即税收引起纳税人可支配收入的减少。对纳税人在货物购买力方面的影响,表现为纳税人收入水平的下降,从而降低货物购买量和消费水平。税收收入效应本身并不会造成经济的无效率，它只表明资源从纳税人手中转移到政府手中，但因其收入效应而引起纳税人对劳动、储蓄和投资等所做出的进一步反应，则会改变经济的效率状况。

税收替代效应是指当某种税影响相对价格或相对效益时，人们就会选择某种消费或活动来代替另一种消费或活动。如果税前纳税人的经济行为和决策是"理性"的，那么征税就会改变或打破这种最佳状态，也就会减少他们可能获得的经济福利。如累进税率的提高，使得工作的边际效益减少，人们就会选择用休息来代替部分工作时间；对某种货物征税可提高其价格，从而引起个人消费选择无税或轻税的货物。税收的替代效应一般会妨碍人们对消费活动的自由选择，进而导致经济的低效或无效。

3. 激励效应与阻碍效应

税收激励效应是指国家征税（包括增税或减税）使得人们更热衷于某项活动；而阻碍效应则是指国家征税使得人们更不愿从事某项活动。国家的征税究竟是产生激励效应还是产生阻碍效应，主要是取决于纳税人对某项活动的需求状况。

例如，对个人所得征税，纳税人可自由支配的所得减少，即产生收入效应。在此情形下如果纳税人对税后所得需求弹性很小，则征税会激励人们更加努力工作，赚取更多的收入，保证其收入所得不因征税而有所减少；如果纳税人对税后所得需求弹性大，则征税会妨碍人们去努力工作，因为与其努力工作多赚取收入付税，还不如少赚收入不付税。

4. 中性效应与非中性效应

税收中性效应是指国家征税不打乱市场经济运行，即不改变人们对商品消费、在支出与储蓄及工作还是休闲之间的抉择。起到中性效应的税可称之为中性税，而中性税只能是对每个人一次性征收的总额税——人头税，因为人头税是不随经济活动的变化而变化的。但人头税由于涉及所有的人，可能会影响到纳税人家庭的人口规划。现代社会，完全意义上的中性税是不存在的。

与税收中性效应相反，税收非中性效应是指国家征税影响了经济运行机制，改变了个人对消费品、劳动、储蓄和投资等的抉择，进而影响到社会资源配置、收入分配和公共抉择等。一般认为,几乎所有的税收都会产生非中性效应,因而现代社会的税收均属非中性税收。

第三节 税收制度及其构成要素

一、税收制度的概念界定

(一) 税收与税收制度

税收是国家或政府凭借政治权力参与社会产品或国民收入分配的一种形式。按照公共财政理论,税收是政府提供公共物品的成本补偿,是纳税人享受政府提供的公共物品所付出的代价。不管税收如何定义,人们能够看见的并不是这种理论概括出来的抽象的经济范畴,而是具体的税种和每个税种的征税对象、纳税人、税率等具体征税办法。换言之,税收通过税收制度反映出来,税收制度是税收范畴的表现形式。

(二) 税收制度与税法

税收制度是国家或政府以法律形式规定的税种设置及每种税征收办法的总和。税收制度是以国家法律形式规定的,这些法律简称税法。税法是国家有关税收方面法律的总称,是征纳双方的行为规范,它一般包括税法通则,各种税的基本法则、实施细则、具体规定和征管法等。其中,税法通则是一个国家征税的最基本的法律,主要规定一个国家征税的总政策、税制原则、税种设置等内容;各种税的基本法规,或称为某某税法,或称为某某税收条例,或称为某某税暂行规定,是每一种税的基本法律,也是国家向纳税人征税的基本法律依据,主要规定对什么征税、由谁缴纳、缴纳多少等内容;实施细则是在各种税基本法规基础上制定的执行性、补充性、解释性法规;各税种的具体规定是根据基本法规和实施细则制定的对某一事物或某一行为征税的详细规定。税收制度以税法形式确定主要体现在以下两个方面：

第一，税种设置是以法律形式规定的。税种设置是指国家开征多少种税，各种税如何分布，以及相互之间如何协调配合的问题。国家每开征、停征、修订或废止一种税，必须经立法机关批准；同时，税种名称及内容的改变，也必须通过重新制定或修改税法来完成。在税收制度建设中，有些国家或某一时期是通过颁布税法通则来设置税种的。除通过颁布税法通则设置税种外，有的国家还采取颁布一个个税种的基本法规来设置税种。目前，我国采用的就是这种方法。可以看出，无论采取上述哪种形式和方法，税种的设置都是以法律形式并通过立法程序加以规定的。

第二，每个税种的征税办法也是通过法律形式确定的。征税办法也称为征收制度，是指对每个税种征税办法的具体规定。在各种税的基本法规中虽然对征税的内容、由谁缴纳、缴纳多少等基本问题都做了规定，但这些规定是就一般情况而言的，较为概括和笼统，必须辅之以补充性、解释性、执行性的法规，才能使基本法规得以实现。因此，征税办法的制定与变更离不开税法，也必须以法律形式加以确定。

当以法律形式确定的税种设置和征税办法不能适应客观政治经济条件的变化时，必须通过重新制定或修改税法来完成税收制度的变革。因此，税收制度与税法是既有联系又有区别的两个范畴。税收制度是税种设置和征税办法的总和，税法是征纳双方的行为规范，两者在内涵上是有区别的，同时在构成上也不尽相同：税收制度由税种、税种要素构成，税法由实体法、程序法构成。两者的内在联系在于：税收制度是以法律形式并通过立法程序加以确定，即以税法为前提；而税收制度又能反映税法是否科学、合理，从而为完善税法提供信息。所以，研究税收制度问题，既要把二者联系起来，又要根据各自不同的原理原则加以区别。税法要按照法学原理制定，同时不能脱离税收的原理原则；同样，税收制度要按照税收原则制定，同时也不能违背法律原则和法律程序。

二、税收制度的主要作用

（一）税收制度是实现国家方针政策的重要手段

国家方针政策要通过各项经济制度的制定和贯彻实施才能实现。税收制度是经济制度的重要组成部分，它必须为国家的方针政策服务，并通过制定、变革而成为实现国家方针政策的手段。税收制度的好坏，直接关系到国家、集体、个人三者利益，关系到国家经济建设是否有足够的资金，关系到税收负担是否公平合理，直接或间接影响国民经济的发展。当然，税收制度并不是孤立存在的，必须与其他经济制度协调配合，方能起到应有的作用。

（二）税收制度对社会经济基础有一定制约作用

税收制度作为经济制度的一部分，属于上层建筑范畴，并由社会经济基础所决定。在一定的社会经济基础上建立起来的税收制度是适应这一社会经济基础状况的。当社会经济基础发生变化，税收制度与新的社会经济基础不相适应时，必须变革和完善原有的税收制度，以适应新的社会经济基础。但是，税收制度并不总是消极地适应，它对社会经济基础也有一定的反作用，这种反作用主要表现在以下方面：

第一，对生产资料所有制的制约。税收制度对不同的所有制可以规定不同的税负和不同的征收方法。当需要鼓励某一所有制发展时，税负就可以轻一些，征收方法可以简单一些。当需要限制某一所有制发展时，税负就可以重一些，征收方法可以复杂一些。

第二，对生产组织结构的制约。税收对不同的生产组织结构的影响是很大的。当税收制度的征收办法是按商品或劳务的销售全值计税时，就鼓励企业向"大而全""小而全"的生产组织结构发展，阻碍生产结构向专业化、协作化方向发展。当将按商品或劳务的销售全值计税改按增值额征税时，就要打破"大而全""小而全"的生产组织结构，促进生产结构向专业化、协作化发展。

总之，税收制度对经济基础的制约作用在任何社会、任何情况下都是存在的。只有认识到这一点，才能充分发挥税收制度的作用。

（三）税收制度制约税收分配关系

税收分配必然引起国家与各类纳税人以及各纳税人之间的分配关系，并通过具体的税种和征税办法即税收制度反映出来。因此，税收制度制约着税收分配关系。首先，国家通过税收制度，确定和调整国家占有社会产品或国民收入的总规模，进而影响国家确定和调整国家占有社会产品或国民收入的总规模，影响国家与作为整体的纳税人之间的分配关系，集中表现在税种设置的多少、纳税人的确定、税率水平的高低，以及征收方法的繁简上。国家设置的税种多、税率水平高，国家集中的社会产品或国民收入就多一些，纳税人占有的就少一些；反之，国家集中的就会少一些，纳税人留的就多一些。其次，国家通过税收制度，制约着各类纳税人之间的分配关系，集中体现在税种的差异、选择不同的课税对象和纳税人以及税率水平的高低异同上，使各类纳税人之间的税收负担有所区别。为了理顺税收分配关系，必须不断对税收制度进行调整和改革，而税收制度的调整与改革又必须从税收分配关系的要求出发，使税收制度成为正确处理税收分配关系的保证。

（四）税收制度是规范税收管理活动的依据

无论税收分配关系的实现，还是税收职能的发挥，都离不开税收的征管工作。税收的征收管理是指征收机关行使国家征税权和税收管理权而对日常税收分配活动进行有计划的组织、管理、监督和协调的一系列管理活动。这一管理活动必须有法律依据，不能无所遵循。税收管理工作除了依据税法外，还要依据以法律形式规定的税收制度。从税收征纳工作来看，主要体现在两个方面：一是国家征收机关要依法向纳税人征税款；二是纳税人要依法履行纳税义务，向国家如数缴纳税款。

无论是征税一方，还是纳税人一方，都必须按照以法律形式规定的税收制度办事，征收机关不能随意征收，纳税人也不能随意缴纳，必须严格按照税收制度的规定进行。因此，税收制度是税收征纳工作的法律依据，离开了税收制度，税收征管工作将无法进行。

三、税收制度的基本组成

(一) 税种设置

国家税收制度是由税种构成的,设置哪些税种是税收制度的核心问题。国家为了实现其保卫国家和发展经济的职能,必须运用税收取得财政收入并调节经济的运行。而要运用税收取得财政收入、调节经济运行,就必须设置相应的税种,因为税种是国家税收的具体表现形式,是税收制度的最基本构成要素。

国家的税收制度除税种构成外,还包括税种的内部构成。税种内部构成是指一个税种由哪些要素构成,它是税收制度的第二层要素。构成一个税种,一般必须包括对哪些人或物征税,向谁征税或由谁缴纳,征收多少或缴纳多少,在哪个时间或时点征收和缴纳,以及在哪个再生产环节征收,等等。税种的基本要素有三个:一是对哪些人或物征税,这是构成一个税种首先要解决的问题。国家对哪些内容征税,哪些内容不征税,除设置不同的税种之外,主要是通过征税目的物来确定基本范围。没有征税目的物,就不能构成一个税种,也无法区分征税与不征税的界限。所以,征税目的物是税种内部构成的一个重要因素。至于选择何种目的物课税,需要根据一个国家一定时期内的政治经济状况确定。二是征税目的物确定之后,必须规定由谁缴纳税款,即明确规定履行纳税义务的法律承担者。只有征税目的物,而没有税款的缴纳者,也不能构成一个税种。三是征税目的物和税款缴纳者确定之后,国家向纳税单位及个人征多少税。只有明确规定征收(或缴纳)的标准,征收机关和纳税人才能有所遵循,否则征收机关无法征收,缴纳者无法缴纳。征收标准一般是事先规定的,征收机关和纳税人都不能随意变动征收标准。

(二) 税种分布与各税之间的协调配合

税收制度由一个个具体的税种制度构成,而设置税种必须考虑税种在社会再生产各个环节的分布状况,换言之,税种必须合理布局。不同的税种有不同的征税对象，而各个不同的征税对象必然与社会再生产各个环节发生直接或间接的联系，因此，要发挥税收的作用，必须确定税种在社会再生产过程中所处的位置和对社会再生产各个环节的影响。

设置税种还必须做到各税种之间优化组合，即解决各税种之间的协调配合问题。有了一个个税种，使它们之间相互衔接、相辅相成，并有机地结合起来，才能构成国家完善的税收制度。如果各种税之间配合不好，作用相互抵消，就不能发挥税收制度的整体作用。各税种之间的协调配合问题即税制结构问题。税种的布局和税制结构对税收制度影响很大，是税收制度的关键问题。

（三）税种归属

税收制度是国家经济制度的组成部分。一个国家可以根据政治经济条件的不同选择不同的经济制度，税种设置一般是与经济制度的类型相适应的。一个国家的经济制度可能是集权型的，也可能是分权型的。相应地，税种的设置可能是较为集中统一的，也可能是中央与地方分别设置的。不同的税种设置方法，不仅制约着税收制度，而且是税收制度构成的重要因素。

一般而言，税种的设置是与国家的经济管理体制和课税权力相联系的。国家的经济管理体制高度集中，课税权力必须集中于中央，税种设置权归中央，税种的设置必然全国统一。国家的经济管理体制是分权型的，课税权力必然是分级的，税种的设置权分别归属于中央与地方，税种的设置必须是中央与地方分别进行，中央负责设置中央税税种，地方负责设置地方税税种。总之，无论是统一设置还是分别设置税种，都存在税种的归属问题。税种的归属不同，税收制度的构成就会有所差别。特别是在中央与地方分别设置税种的情况下，税种设置权分别归属于中央与地方，中央设置的税种，地方可以设置，也可以不设置，而地方设置的税种，中央可以设置，也可以不设置，因此形成的税收制度差别会很大。哪些税种归中央，哪些税种归地方，还是所有税种都归中央或都归地方，以及税收收入如何在中央与地方之间分配等问题，是税收管理体制所应解决的问题。

四、税收制度的构成要素

（一）征税对象

征税对象是税法规定应当纳税的客观对象，它表明征纳双方权利义务共同指向的客体或标的物。征税对象可以包括物与行为两大类。物是在一定社会关系中由人类控制和支配的财富，行为是指人的活动及其结果。征税对象是税收制度最基本的要素，也是一种税区别于另一种税的主要标志。一种税的名称、属于哪个性质的税种，主要是由征税对象决定的。如消费税、个人所得税、土地增值税等，这些税种因征税对象不同、性质不同，名称也就不同。为了计算税额，在税法中还必须对征税对象的质和量作更为具体的规定，这就涉及税目和计税依据等税收要素。在制定和执行过程中，应注意区分征税对象与征税范围、税目及计税依据的关系。

第一，征税范围。征税范围是指税法规定应税内容的具体区间，是征税对象的具体范围，体现了征税的广度。

第二，税目。税目是税法规定的同一征税对象范围内的具体项目，是对征税对象质的界定。税目的设置首先是为了明确具体的征税范围，列入税目的就是应税项目，未列入税目的，就不是应税项目。其次，通过税目的设置，还可以对不同的应税项目制定高低不同的税率，以体现不同的国家政策。值得注意的是，并不是所有的税种都需要规定税目。有些税种不区分征税对象的具体项目，一律按照征税对象的应税数额采用同一税率计征税款，因此一般无需设置税目，如企业所得税。有些税种的征税对象则相对复杂，需要确定税目，例如，消费税规定了15个税目。税目解决了征税对象确定后如何界定具体内容的问题。确定税目的方法通常有两种，即概括法和列举法。概括法适用于种类繁杂、界限不易划清的征税对象；列举法适用于税源大、界限清楚的征税对象。必要时概括法和列举法可以结合使用。

第三，计税依据。计税依据又叫作税基，是据以计算征税对象应纳税额的数量依据，是征税对象的数量表现。根据计量单位的差异，税基可以分为两种基本形态，即价值形态和物理形态。价值形态包括应纳税所得额、销售收入、营业额等；物理形态则表现为面积、体积、重量等形式。以价值形态为税基也被称为从价计征，即按征税对象的货币价值计算应纳税额。如生产销售高档化妆品的消费税采用的就是从价计征办法，应纳税额由化妆品的销售收入乘以税率得出，其税基为销售收入。另一种方法是从量计征，即直接按照征税对象的物理单位计算应纳税额。如城镇土地使用税采用的就是从量计征的办法，应纳税额是采用占用土地的面积乘以每单位面积的应纳税额计算出来的。

（二）纳税人

纳税人即纳税义务人，也被称为纳税主体，是税法规定直接负有纳税义务的单位和个人。纳税人包括自然人和法人两种基本形式。自然人是基于自然规律出生，依法享有民事权利和承担民事义务的个人，包括本国公民、外国人和无国籍的人。法人是按照法定程序设立、具有一定组织机构和独立的财产并能以自己的名义享有民事权利和承担民事义务的社会组织。按照不同的目的和标准，还可以对自然人和法人进行更为详细的分类。如自然人可以分为居民纳税人和非居民纳税人，法人可以分为居民企业和非居民企业等。这些分类对于国家制定相关税收政策，发挥税收的经济调节作用具有重要意义。在此，应注意区分与纳税人相关的两个概念：一是负税人，二是扣缴义务人。

第一，负税人。纳税人与负税人是两个不同的概念。纳税人是直接缴纳税款的人，负税人是指最终承受税收负担的人。前者是一个法律概念，是法律上的纳税主体；后者是一个经济学意义上的概念，是税收负担的实际承受者。二者有时一致，有时不一致，这取决于税收负担是否能够转嫁。存在税负转嫁的情况时，纳税人和负税人是分离的；在税收负担无法转嫁时，纳税人就是税负的承担者。

第二，扣缴义务人，代扣代缴义务人和代收代缴义务人是与纳税人紧密联系的两个概念。代扣代缴义务人是指尽管不承担纳税义务，但依照有关规定，在向纳税人支付收入、结算货款、收取费用时有义务代扣代缴其应纳税款的单位和个人。

(三) 税率

税率是对征税对象的征收比例或征收额度。税率是计算应纳税额的尺度,反映国家征税的深度。在征税对象已经明确的前提下,国家征税的数量和纳税人的负担水平取决于税率。税率的具体形式主要表现如下。

1. 额式税率与率式税率

按照表现形式,可将税率划分为额式税率与率式税率。额式税率是根据税基的单位规定的固定税额,也叫单位税额。定额税率适用于从量计征的税种。在额式税率中,征税对象的计量单位可以是重量、数量、面积、体积等物理单位。按照定额税率征税,税额的多少仅同征税的数量有关,同价格无关。采用定额税率计税相对简单,税额不受价格影响。但这种税率的收入弹性较差,税收难以随征税对象价格的增长而提高。当同种商品质量不同,价格差别明显时,从量征税会导致税收负担的较大差别。率式税率是按税基的单位规定的百分比。与额式税率相比,率式税率透明度较高,税收收入可以随征税对象价格的增长而提高,有利于保证财政收入的取得。

2. 固定比例税率和累进税率

根据税额与税基之间的数量对应关系,可将税率划分为固定比例税率与累进税率。固定比例税率是不以税基大小为转移的税率,简称比例税率,包括额式比例税率与率式比例税率。固定比例税率具有计算简便的优点,但不能针对纳税人不同的收入水平确定不同的税收负担,在调节收入水平方面难以体现税收的公平原则。

累进税率是随着征税对象数量的增加,征税比例也随之提高的税率。具体地说,就是按征税对象数额的大小划分若干等级,不同等级的应税数额分别适用不同的税率,应税数额越大,适用税率越高。相对于固定比例税率而言,累进税率更有利于调节纳税人的收入,正确处理税收负担分配的纵向公平问题。累进税率又包括额式累进税率与率式累进税率两种形式。额式累进税率是以定额形式表现的累进税率。率式累进税率是以定率形式表现的累进税率。在率式累进税率中,最为常用的有全额累进税率、超额累进税率、全率累进税率和超率累进税率。

全额累进税率是把征税对象的全部数额划分为若干等级，对每个等级分别规定相应的税率。当征税对象的数额提高一个级距时，征税对象的全部数额都按提高后级距的相应税率征税。

全率累进税率是按照征税对象数额的相对比例划分征税级距，就纳税人征税对象的全部数额按与之相对应级距的税率计征的累进税率。具体地说，就是将征税对象的相对比例（如产值利润率、资金利润率、销售利润率、成本利润率等）从低到高划分为若干征税级距，分别制定不同的税率，但在征税时，仍以征税对象的绝对数作为计税依据，当纳税人的征税对象的相对比例达到某一等级时，全部征税对象数额都按该等级的税率征税。全率累进税率与全额累进税率的累进方式相同，区别仅在于划分级距的标准不同。全率累进税率以相对数为划分标准，而全额累进税率以绝对数为划分标准。

超率累进税率是按照征税对象数额的相对比例划分若干级距，分别规定各级距的差别税率。相对比例每超过一个级距的，对超过部分按高一级的税率计算征税。

（四）纳税环节

纳税环节是税法规定的征税对象在从生产到消费的流转过程中应当缴纳税款的环节。由于社会再生产存在生产、交换、分配、消费等多个环节，合理选择纳税环节，对加强税收征管，有效控制税源，保证国家财政收入的及时、稳定、可靠，方便纳税人生产经营和财务核算，灵活发挥税收调节经济的作用，具有重要的理论和实践意义。纳税环节可以根据不同情况划分为一次课征制、两次课征制和多次课征制。例如，中国现行消费税的纳税环节具有单一性的特点。为了加强税源控制，防止税款流失，消费税的纳税环节主要确定在产制环节或进口环节。而增值税则要求道道纳税，即商品从生产到销售，每经历一个环节就要纳一次税。

（五）纳税期限

纳税期限是指税法规定的关于税款缴纳时间方面的限定。与纳税期限规定有关的概念包括纳税义务发生时间、纳税计算期和税款缴库期。

第一，纳税义务发生时间。纳税义务发生时间是指纳税人发生应税行为，应当承担纳税义务的起始时间。

第二，纳税计算期。纳税计算期是指税法规定的纳税人计算应纳税额的间隔期。纳税计算期分为按次计算和按期计算两种形式。按次计算是以纳税人发生纳税义务的次数作为税款计算期。

第三，税款缴库期。税款缴库期是指税款计算期满后缴纳税款的法定期限。

（六）纳税地点与税收减免

1. 纳税地点

纳税地点是纳税人（包括代收、代扣代缴义务人）申报缴纳税款的地点。不同的税种，由于征税对象和纳税人的性质不同，对纳税地点的规定也不同。合理规定纳税人申报纳税的地点，有利于税务机关实施税源管理，防止税收流失，又便于纳税人缴纳税款。

2. 税收减免

税收减免是指国家为了实行某种政策、达到一定的政治经济目的，而对某些纳税人和征税对象采取免税或者减少征税的特殊规定。减税、免税是国家对纳税人的税收优惠措施，是税法原则性与灵活性相结合的具体体现，是税法的重要组成部分。

具体而言，减税是对应征税款减征一部分，免税是免除全部税款。税收减免体现了国家一定时期的经济和社会政策，有较强的政策目的和针对性，是一项重要的税制要素。从形式上看，减免税主要包括税基式减免、税率式减免、税额式减免和时间式减免。

第一，税基式减免。税基式减免是通过减少计税依据实现减免税的一种形式，包括起征点、免征额和项目扣除等方式。起征点是税法规定的征税对象达到征税数额开始征税的界限。在规定了起征点的情况下，征税对象的数额未达到起征点的不征税，达到或超过起征点的则需全额征税。免征额是税法规定的征税对象全部数额中免于征税的数额。它是按照一定标准从征税对象数额中预先扣除的部分。不论课税对象的数额有多大,免征额部分始终不征税,仅对超过免征额的部分征税。例如,个人所得税中综合所得就规定了免征额。项目扣除是指在征税对象总额中先扣除某些项目的金额后,仅就其余额为依据计算应纳税额。它是在税法规定的一般扣除项目的基础上,扩大或增加扣除项目,通过缩小税基的方式实现的减免税。

第二,税率式减免。税率式减免是以降低税率的方式来减轻或免除纳税人税收负担,即对某些特定的征税对象或纳税义务人按照低于一般税率的税率征税。

第三,税额式减免。税额式减免是指通过减少一部分税额或免除全部税额的方式实现减免税,包括全部免征、核定减征率或减征额等。全部免征即免除纳税人某一纳税项目或全部纳税项目的应纳税额。核定减征率或减征额是减除纳税人应纳税额的一定比例或税额。

第四,时间式减免。时间式减免(时间式优惠)是以延缓纳税期限的形式来减轻或缓解纳税人的税收负担,如加速折旧和延期纳税。加速折旧是允许纳税义务人在固定资产使用初期提取较多折旧,其实质是税款缴纳时间向后推移。随着纳税时间向后推移,纳税人的税收负担会有所降低。

(七) 违章处理

违章处理是指对纳税人违反税收法律的行为采取的处罚措施,是税收强制性的具体表现。

违章行为包括偷税、欠税、骗税、抗税、不按规定向税务机关提供有关纳税资料和不配合税务机关的纳税检查等。纳税人发生违章行为时,首先必须限期补缴税款、办理登记、提供有关资料并接受检查等,然后视情节轻重加以处罚。处理方法有经济制裁、行政制裁和刑事制裁三种。对于税务违章行为,税务机关一般可采用征收滞纳金、处以罚款、扣押财产抵缴、追究刑事责任等措施加以处理。纳税人对税务机关的处罚不服,在接受处罚措施的前提下,可以向税务执行机关的上一级税务机关申请复议,如对复议结果不服,可以向人民法院提起行政诉讼,以维护自己的合法权益。

征收滞纳金是指税务机关对欠税者除令其限期照章补缴所欠税款外,从滞纳之日起，按日加收所欠税款一定比例的滞纳金。

处以罚款是一种经济制裁措施，具体包括两种形式：一种是按应纳税额的倍数罚款，另一种是按照一定数额罚款。

（八）税收保全措施

税收保全措施是指税务机关对可能由于纳税人的行为或者某种客观原因，致使以后税款的征收不能保证或难以保证的案件，采取限制纳税人处理和转移商品、货物或其他财产的措施。税务机关有根据认为从事生产、经营的纳税人有逃避纳税义务行为的，可以在规定的纳税期之前，责令限期缴纳税款。在限期内发现纳税人有明显的转移、隐匿其应纳税的商品、货物以及其他财产迹象的，税务机关应责令其提供纳税担保。如果纳税人不能提供纳税担保，税务机关可以按照一定的法律程序采取如下税收保全措施：一是书面通知纳税人开户银行或者其他金融机构冻结纳税人相当于应纳税款的存款；二是扣押、查封纳税人的价值相当于应纳税款的商品、货物或者其他财产。

第四节　税收政策的相关机制

一、税收政策的类型

税收政策包括税收总政策和税收具体政策。税收总政策是指根据国家在一定历史时期税收所发生的基本矛盾所确定的，是用以解决这些基本矛盾的指导原则。税收总政策一般指国家层面的税收政策，是建立各项税收制度的指导方针，在一定历史时期内具有相对稳定性。

税收具体政策是指在税收总政策指导下，用以解决税收工作中比较具体的矛盾的指导原则。税收具体政策一般指某一税种的政策，在每项税收制度中的内容不尽相同，并随经济和政治形势的变化而变化。

税收总政策及其指导下的具体政策，税制顶层设计、总体布局和税种构建，以及各种税的税率、税目、减免、纳税环节等要素的确定，都是十分重要的。若税收总政策和税收具体政策不明确或不正确，就会使税制及其改革发生偏差和失误，会对经济产生不良影响。

二、税收政策工具与主要目标

（一）税收政策工具分析

税收政策工具是指为达到税收政策目标而使用的工具，包括内在的或自动的稳定器和斟酌使用或相机抉择的稳定器。税收内在的或自动的稳定器是指在经济发展中能自动地适应总需求变化，使总供求稳定在一定水平的税收政策工具，一般指所得税制，尤其是累进所得税制，它与经济发展水平相适应，随着经济增长而增长、经济滞胀而降低。

税收斟酌使用或相机抉择的稳定器是指为达到预定的总需求水平和就业水平，国家根据不同的情况所采取的税收措施及其手段，一般包括：税种的开征与停征；征税对象或征税范围、税目税率的制定与调整；起征点、免征额的制定与调整；税收优惠的制定与调整，加速折旧政策的规定等。

（二）税收政策的主要目标

一般而言，目标是个人、部门或整个组织所期望实现的成果或目的。税收政策目标是指国家通过预定税收政策的实施所期望达到的目的，是税收政策的出发点和归宿。其目标主要包括以下方面：

第一，取得财政收入。取得财政收入是税收的主要目的，也是税收职能和作用的充分体现。国家实现职能需要资金保障，主要包括政治职能，如国防、司法、外交和行政管理等部门所需资金；社会管理职能，如公益教育、科学、文化、卫生、福利等事业和公益性基础设施建设所需资金；经济职能，如国家兴办或补贴民间无力兴办的能源、交通、通信、基础材料、农业等基础产业所需资金等。上述国家需要的资金，除一部分通过国有资产收益和公债融资筹措外，主要依靠税收予以保障。

第二，稳定经济增长。经济是税收的基础，经济增长与税收增长成正比的关系。当经济发展速度过快、出现物价上涨和通货膨胀，不利于社会稳定和市场经济健康运行时，采用增加税收的政策，通过改变政府与微观经济主体的资源支配比例，相应降低投资者的投资净收益和个人税后可支配收入，从而达到收缩投资和消费需求，抑制经济过快增长和通货膨胀的调控效应；反之，在经济衰退、社会有效需求不足和供求相对过剩的情况下，采用轻税政策，刺激社会总需求、扩大就业。

第三，合理配置资源。充分发挥税收调控作用，必须体现国家的经济政策尤其是产业政策。资源合理配置包括资源充分利用和配置比例协调，前者寓于经济稳定增长目标中，后者则以社会供求结构优化为前提和标志。税收政策调节具有广泛性，流转税等都对资源配置比例产生影响。如在发挥市场机制对资源配置的决定性调节作用下，通过流转税特别是消费税政策，影响某些产业或产品的市场竞争条件、价格水平和经济利益，从而诱导资源的流向和流量，促进资源合理配置。

第四，公平分配收入。公平是税收的重要原则和政策目标，更要求税收参与收入分配要公平、适度与合理。税收政策是国家参与和调节社会产品分配的基本手段，税收政策调节社会收入分配主要表现在：一是统筹兼顾国家、集体和个人三者利益，理顺国家与企业、中央与地方之间的税收分配关系；二是通过税收对收入水平的调节，实现人们的共同富裕。随着经济发展和时间推移，税收政策在调节收入分配不可替代的职能作用将会越来越重要。

第五，实现充分就业。就业是涉及经济发展和劳动者切身利益的重要社会问题，就业政策影响着经济发展与社会稳定，特别是在我国经济体制深化改革和企业转制的过程中更具有现实意义。

三、税收政策的基本原则

税收对经济的影响是广泛性的，理想的税收政策应是既能满足国家财政收入需要，又能有利于促进经济快速发展。制定正确的税收政策，必须遵循以下基本原则：

（一）确定适度合理税负的原则

在探讨适度合理税负原则的过程中，我们首先要深刻理解其背后的复杂性和多维度考量。税负，作为连接国家与民众、经济与社会的重要纽带，其设定不仅关乎国家财政的健康与可持续性，还直接影响到企业的发展活力、民众的生活质量以及整个社会的和谐稳定。因此，确定一个既能促进经济增长、又兼顾公平正义的税负水平，是实现长期繁荣与社会进步的关键。

首先，从宏观经济的角度出发，税负的设定需紧密结合国家发展的实际阶段与需求。在经济快速发展的时期，政府通过适度提高税收，可以有效集中资源用于基础设施建设、教育、医疗等公共服务领域，为经济的进一步增长奠定坚实的基础。然而，这一过程中必须保持警惕，避免税负过重阻碍企业的创新与扩张，影响市场的活力和效率。反之，在经济下行或复苏期，则应考虑减税降费，减轻企业和个人负担，刺激消费和投资，以提振市场信心，加速经济回暖。

其次，税负的合理性还需充分考虑到纳税人的承受能力。这不仅仅是指经济上的直接负担，还包括对纳税人心理预期和社会满意度的影响。高税负可能会引发公众的不满情绪，影响社会稳定；而一个公平、透明且相对较低的税负体系，则能增强民众的纳税意识和国家认同感。因此，设计税负体系时，应通过广泛的公众咨询和科学的经济分析，确保税制的公正性与可接受度。

再者，税制设计还需体现前瞻性，既要满足当前国家财力的需求，也要为未来的经济发展和社会变迁预留空间。随着技术进步和全球化趋势的深化，新的经济形态不断涌现，如数字经济、共享经济等，这些都对传统税制提出了挑战。因此，税负政策不仅要适应现有经济结构，还要预见并适应未来变化，确保税收制度的灵活性和适应性，避免因制度滞后而阻碍新兴行业的发展。

最后，构建适度合理的税负体系，还需强化税收的再分配功能，促进社会公平。这意味着，税收不仅要作为政府运作的资金来源，更应成为调节收入分配、缩小贫富差距的有效工具。通过设置累进税率、扩大社会保障覆盖等措施，确保税收能够更公平地惠及所有公民，特别是低收入群体，从而促进社会的整体和谐与稳定。

（二）加快市场经济发展的原则

在推动市场经济持续健康发展的大背景下，税收政策扮演着至关重要的角色。它不仅是国家财政收入的重要来源，更是调节经济、促进社会公平与效率平衡的关键杠杆。加快市场经济发展的原则，要求税收政策的制定必须着眼于构建一个平等竞争的社会经济环境，这不仅关乎市场的活力与创新，也是实现经济长期稳定增长的前提。

首先，税收政策应当与产业政策紧密配合，共同推动产业结构的优化升级。在经济全球化和科技快速迭代的今天，不同行业面临的挑战与机遇各不相同。合理的税收政策能够为新兴产业提供必要的扶持，比如通过税收减免、加速折旧等措施激励高新技术企业加大研发投入，促进技术创新与成果转化。同时，对于传统产业，税收政策也应鼓励其转型升级，采用环保技术，提高能效，减少污染，实现绿色发展。这样的政策导向有助于形成多元化、可持续的产业发展格局，增强经济整体的竞争力和抗风险能力。

其次，税收政策应促进多种经济成分的公平竞争。市场经济的本质在于竞争，而健康的竞争环境是保证各种所有制经济共同发展的重要条件。无论是国有企业、私营企业还是外资企业，都应在统一的税制下公平竞争，避免因税收差异导致的市场扭曲。通过简化税制、降低税率、增强税收透明度等措施，可以有效减轻企业负担，激发市场主体的活力，特别是对于中小企业而言，合理的税收优惠能够为其成长壮大创造更加宽松的外部环境。

再者，税收政策与财政政策的有效协同，是实现宏观经济调控目标的关键。在经济过热时，适度增加税收可以抑制过度投资和消费，防范经济泡沫；而在经济低迷时期，减税降费则成为刺激需求、提振市场信心的有效手段。此外，税收政策还能通过调整税种结构，如增加直接税比重、优化间接税设计，来改善收入分配，促进社会公平。这种灵活性和针对性，使得税收政策成为国家宏观经济管理工具箱中不可或缺的一部分。

（三）完善现代企业制度的原则

完善现代企业制度是推动国家经济持续健康发展的重要基石，其核心在于通过一系列制度改革与创新，确保企业在市场经济中能够高效运作，实现长期稳定的发展。税收政策作为政府调控经济的重要杠杆，在这一过程中扮演着至关重要的角色。它不仅影响企业的成本结构和盈利能力，还直接关系到企业治理结构的优化与现代化进程。

首先，税收政策的制定应遵循"政企分开"的基本原则，确保政府与企业的界限清晰，避免行政干预过度渗透到企业经营决策之中。这意味着政府应当更多地扮演监管者和服务者的角色，为企业创造公平竞争的市场环境，而不是直接参与企业的日常运营。通过政企分离，企业能够享有更大的自主权，根据市场信号灵活调整战略，提高竞争力。

其次，"产权清晰"是现代企业制度的基石。税收政策应鼓励和支持企业明确产权归属，保护所有者权益，这包括对私有财产的合法保护以及国有企业改革中股权结构的明晰化。清晰的产权界定有助于减少利益冲突，激励投资者增加投入，促进资源的有效配置。

"权责明确"要求企业在享受权利的同时，也必须承担相应的责任。税收政策应设计合理的税负分配机制，既不过度加重企业负担，又确保企业履行社会责任，如环境保护、职工福利等。通过税收优惠或惩罚措施，引导企业行为向更加可持续和负责任的方向发展。

"管理科学"强调企业内部治理结构的现代化与高效性。税收政策应鼓励企业采用先进的管理理念和技术，提升管理水平。例如，对于采用信息化、智能化管理系统的企业给予一定的税收减免，促进企业管理效率和创新能力的双重提升。

最终目标是使企业成为"自主经营、自负盈亏、自我积累与自我发展"的真正独立的经济实体。这意味着企业在市场竞争中不仅要追求利润最大化，还要具备风险抵御能力，能够根据市场变化自我调整，实现持续成长。税收政策应为这样的企业提供稳定的预期，减少不必要的政策变动带来的不确定性，同时，通过合理的税收激励，支持企业研发投入、技术创新和市场拓展，增强其在全球经济舞台上的竞争力。

第六章 财务管理与会计工作的创新

第一节 财务管理的创新理念

一、绿色财务管理

(一)绿色财务管理概述

绿色财务管理指在之前管理方法的基础上,更加关注环境及资源,它的目的主要是带动社会的长久发展。

1. 绿色财务管理的内容

(1)绿色财务活动

它在原有的财务内容中增加了环保和资源利用两个要素,它规定相关的主体在开展财务工作的时候,不单单要将经济效益考虑在内,还要将资源的全面利用及消耗能源的情况、生态的受损程度以及恢复所需的资金等考虑在内,更加重视社会的长远发展。

(2)绿色财务关系管理

绿色财务关系管理是在原有与出资人、债权人、债务人、供应商、买家、政府、同行等财务关系管理的基础上,增加了对资源关系、环境关系的管理内容。具体来讲,在开展新项目的时候,除了要做好和环保机构的沟通工作以外,还要联系资源部门,这样做的目的是保证新项目在新的状态下不会有较为严重的问题产生,否则就会导致资源受损,无法被长久利用。

2. 开展绿色管理的意义

（1）带动财务管理工作的进步

我们都知道，作为一种科学体系，财务管理工作并不是一成不变的，是会伴随社会的发展而一直进步的。相关环境改变了，与之对应的各种系统及体制等都会随之改变，只有这样才能够适应新的发展态势。当今社会，资源的总数只会减少，并不会增加，因此为了长久的发展，就必须开展绿色管理。

（2）促进社会和谐发展

我们人类在这个世界上已经存在了数千年，出于自身生存和发展的需要，我们需要一直开展各种活动，而各种活动的最终目的都是获取利益。由于人的总数在不断地增加，虽说一个单体的活动可能不会对资源及生态产生负面效应，但如果是几亿人共同活动呢？后果可想而知。所以，为了避免生态继续恶化，为了我们的子孙后代能够更好地生活在这个世界上，就要开展资源和生态保护工作。在这种背景之下，我们就必须开展绿色管理。

（二）加强绿色财务管理的措施

1. 加快对环境、资源等产权认定的研究步伐

虽然对环境、资源等的产权认定很难，但是，在人类社会可持续发展的需要面前，一定要发挥主观能动性，迎难而上、攻坚克难。首先，对绿色财务管理的认识、了解和重视，不应仅仅停留在口头上，更要落实在具体行动中；其次，要加强绿色财务管理研究人员的队伍建设，不仅要培养会计方面、财务管理方面的专业人员，更要培养环境保护方面、资源管理方面的专业人员，以及精算师、数学、地理等方面的专业人员，这是一项浩大的关系人类社会千秋万代的工程；最后，思想上重视了，人员到位了，还需要坚定不移地落实和执行这项漫长而琐碎、任务艰巨的工作。

2. 加强各国政府间的沟通协作，责任共担、共同发展

在绿色财务管理的推行上，各国政府责无旁贷，加强各国政府间的沟通协作，责任共担，才能共同发展、共同繁荣。首先，要摒弃的就是在环境保护和资

源管理方面的从众心理，各国政府都应该认识到绿色财务管理的重要性、政府行为的重要性，加强政府间的沟通与协作，共同履行具有国际约束力的环境保护和资源管理公约；最后，要结合自身实际，灵活制定相关政策、法律和法规，并强制执行；最后，要加强相关的舆论宣传，通过舆论导向引导每一个主体的行为，从而为环境的净化和资源的可持续开发利用提供可能。

3. 健全绿色财务管理的评价体系

健全绿色财务管理的评价体系，需要把评价体系具体细化，增加新的评价指标，并加以量化。但是，诸如环境改善带来的幸福指数、资源利用效率提高带来的经济效益等指标很难量化。此外，人类对绿色财务管理的认知还在不断进步，绿色财务管理评价体系还需大量的后续完善工作。

4. 政府引导，加强对绿色财务管理的执行和监督

政府间的合作共赢在绿色财务管理的推行上固然重要，但是，具体执行和监督涉及每个人、每个企业、每个组织、每个国家等各个主体，所以，政府的引导非常重要。除了政策、法律、舆论先行之外，相关的奖励和惩罚措施也非常重要，具体如何处理，需要相关主体的严格执行和监督。

二、财务管理信息化

（一）信息化建设的重要意义

从管理角度来看，信息化建设在企业财务管理工作中具有重要的实践意义，主要表现在以下几个方面：

第一，信息化在财务管理工作中的应用大大提高了企业财务管理工作水平。特别是信息化的应用，把会计人员的双手从过去繁重的手工劳动中解放了出来，会计人员只需掌握信息系统的一些简单操作方式，就可以对财务数据进行计算机录入，必要时还可以反复修改，及时进行会计核算，制作各种财务报表。毫无疑问，利用信息化系统完成这些工作，差错率低、可靠性高，提升了财务数据的准确性。

第二，信息化在财务管理中的应用可以有效地控制企业成本。成本控制是企业财务管理工作的核心环节，也是企业实现最终盈利的根本保障。利用财务管理

信息化建设的先进性，企业财务部门可以全程掌握生产经营中各项大额成本支出的请购、采购、库存和审批等过程，使生产经营中各项大额成本支出的请购、采购、库存和审批等过程在运行中留有痕迹，提高了企业对成本支出等费用的管控能力，降低了各项成本费用指标的超标可能。

第三，财务管理信息化建设使企业的资金管控更为严格。企业的日常经营管理活动是以预算管理为主线、以资金管控为核心而开展的，是以货币计量方式对企业经营活动的资金收支情况进行统计和记录的。其中，在企业项目资金管理方面，企业是以资金使用的活动情况为核算对象的。如果构建了财务管理工作的信息化系统，企业就可以借助信息化系统对企业的资金使用情况进行统筹和预测，降低企业采购与财务之间的往来频率，企业财务人员也能够利用信息化系统了解采购计划的相关信息，有针对性地制订筹集资金和付款计划，提高工作效率，减少管理漏洞。

（二）企业财务管理信息化建设的发展策略

1. 树立正确的财务管理信息化发展观念

企业财务管理信息化建设是企业实现财务管理现代化的重要前提，是一项以计算机应用技术、互联网应用技术、信息通信技术和"互联网+"技术为基础的复杂的系统工程。这一工程的顺利建设和竣工，需要企业各级领导、各个部门的通力合作、全面支持，不可能一蹴而就。因此，在财务管理信息化建设进程中，企业各级领导和各个部门必须树立正确的信息化发展理念，既不能忽视、漠视、无视财务管理信息化建设对企业发展里程碑般的重要意义，不积极主动支持信息化建设工作，不积极主动解决信息化建设过程中遇到的问题，也不能操之过急，罔顾企业的技术条件和操作人员的专业化水平，仓促引进、盲目上马，就会造成财力、物力、人力等的浪费，更不能过分强调、放大财务管理信息化建设的功能，把信息化建设看成是可以解决一切财务问题的方法。在财务管理信息化建设进程中，企业各级领导和各个部门应本着实事求是、循序渐进的原则，在综合考量企业各方因素、条件的基础上，按部就班、有条不紊地实施信息化工程建设，这样才能为以后的信息化建设在企业财务管理中发挥应有的作用奠定良好的技术和管理基础。

2. 加强领导对财务管理信息化建设的重视

21世纪是信息化时代，是信息化建设大行其道的时代。信息化代表了先进的社会生产力，已经成为当今社会发展的大趋势。21世纪正在经历一场革命性的变化，世界范围内的信息技术革命将对人类社会变革的方向产生决定性的影响，将在全世界范围内建立起一个相互交融的全新的信息社会。所以，企业要完成财务管理信息化建设，企业领导就要首先对财务管理信息化建设给予足够的重视，身先士卒、身体力行，结合企业的具体发展情况，根据财务管理工作的实际需要，切合实际地制订出具有企业特色的财务管理信息化建设规划。因为财务管理信息化建设资金需求量大，所以如果没有企业主管领导的力挺，信息化建设所需的大量资金是无法悉数到位的。因此，企业领导对财务管理信息化建设的重视是信息化建设取得成功的关键。

3. 注重对财务管理信息化软硬件设施并重的建设

在世界范围内信息技术革命的推动下，财务信息化已经成为一种必然趋势。在时代背景下，企业没有退路，也没有选择的余地，认识、接受、建设和发展信息化才是明智的抉择，只有不断跟上信息技术的发展，才不会被市场淘汰。企业要强化信息化建设成果，就必须坚持软件设施建设与硬件设施建设并重的原则，绝不可厚此薄彼。硬件设施是信息化建设的先决条件，离开它，企业财务管理信息化建设就无从谈起；软件设施是信息化建设的灵魂所系，没有它，企业财务管理信息化建设就是一潭死水。只有把软件设施建设与硬件设施建设有机地结合在一起，让两者同步前进、协同发展，企业财务管理信息化建设才能真正实现其建设的初衷，才能真正做到为企业发展助力加油。

三、财务管理与人工智能

（一）人工智能技术给财会行业带来的机遇

1. 提高了财会信息的处理质量

无论是财会行业还是审计行业，都必须严格遵循真实性原则，然而我国财会行业并未将这一原则真正落实到位。这主要是因为实际处理财会信息和审计信息过程中，依旧沿用传统的手工方式进行编制、调整和判断，致使舞弊与错误行为屡见不鲜，所以，为了提高财会信息的真实可靠性，应减少人工处理财会信息的次数，进一步拓展人工智能的应用，从而为财会信息处理的质量和效率提供保证。

2. 促进财会人员有效地工作，节约人力成本

现阶段，我国已经出现了为小企业做账的专业公司，虽然公司领导者对会计记账法与借贷记账法掌握和了解得不是很透彻，但该公司研发的软件可以利用电子技术对原始凭证进行扫描，自动生成符合各级政府部门要求的财务报表，这不仅降低了财会人员的劳动强度，还有效地保证了会计核算的实效性；审计部门利用开发的审计软件在提高审计工作效率的同时，还能在深入剖析财会报告的过程中及时发现审计问题，进而采取科学高效的审计手段解决审计问题。

3. 实施完善的风险预警机制，强化财会人员的风险意识

虽然已经有很多企业具备了风险危机意识，但在风险防范和风险发生过程中的决策能力不足。导致这种情况的根本原因在于企业缺乏一套切实可行、健全的风险预警机制，财会人员无法准确判断存在的风险，也不具备风险意识，所以，在遇到风险问题时往往显得手足无措。首先，由于企业内部资金项目具有繁复性特点，很难顺利地开展纵横向对比；其次，财会人员缺乏较高的信息处理综合能力。因此，利用人工智能技术创建风险预警模型，通过各类真实可靠的财务数据对财务风险进行事先预警，不仅能保障企业资金的运营效率，还能帮助企业及时找出不足之处，从而创设和谐美好的企业发展环境。

4. 实现了更为专业的财会作业流程

当前，财政部已经将管理会计列入了会计改革与发展的重点方向。过去针对业务流程来确立会计职能的工作模式，不仅会造成会计信息核算的重复性，还会影响财务风险预警的有效运行。所以，随着人工智能技术的全面渗透，企业将会对那些只懂得进行重复核算工作的财会人员进行精简，聘用更多有助于自身健康发展的、具备完善管理会计知识的财会人员。

（二）人工智能技术在财务管理中的应用

1. 财务管理专家系统

财务管理专家系统涉及财务管理知识、管理经验、管理技能，主要负责处理各类财务问题。为了降低财务管理专家对财务管理过程的描述、分析、验证等工作的劳动强度，很多企业都将涉及管理技能、管理理念及管理环境的财务管理专家系统应用到财务管理工作中。

人工智能技术在财务管理专家系统中的应用，根据具体的财务管理内容将其划分为筹资管理专家系统（涉及资金管理）、投资管理专家系统、营运管理专家系统（涉及风险管理与危机管理）、分配管理专家系统。这些系统中又涵盖财务规划及预测、财务决策、财务预算、财务分析、财务控制几个方面的子系统。

在对各系统进行优化整合后，财务管理专家系统的综合效用便体现出来了：提高了财务预测的精准度和财务控制效率，强化了财务决策的科学性，实现了财务预算与实际的一致性，财务分析更加细致全面，进一步拓展了财务管理的覆盖面。

财务决策子系统在整个系统中占据着重要的比重，而财务决策子系统的顺利运行离不开其他子系统的支持，因此，对这些子系统进行集成后形成了智能化的财务决策支持系统。利用智能化的财务决策支持系统有助于综合评估内部控制与资产分配情况，通过对投资期限、套期保值策略等进行深入分析，能使投资方案进一步优化和完善。

2. 智能财务管理信息共享系统

财务管理查询系统和操作系统是智能财务管理信息共享系统的主要内容。智能财务管理信息共享系统为财务管理信息共享提供相应的体系结构，企业会基于节约成本的理念向所有利益有关方传递真实可靠的关联财务信息。简单举例，随着 B/S 模式体系结构的构建并使用，企业实现了成本的合理节约，促进了各财务信息及时有效共享，提高了财务信息的处理效率。

通过操作系统中的 IIS 来发布财务管理查询系统，企业内部各职能部门只需要进入 Web 浏览器就能访问，而企业外部的有关使用者只需要利用互联网就能充分掌握单位每一天的财务状况。

随着智能财务管理信息共享系统的生成并被投入使用，财务管理工作变得更加完善、成熟；同时，在智能财务管理信息共享系统中利用接口技术吸收 ERP 财务信息包，实现了财务管理信息的透明化、公开化，突出了财务管理即时性的特点。

3. 人工神经网络模型

所谓的人工神经网络，指的是通过人工神经元、电子元件等诸多的处理单元对人脑神经系统的工作机理与结构进行抽象、模仿，由各种连接方式共同组成的网络。人工神经网络从范例学习、知识库修改及推理结构的角度出发，拓展了人类的视野范围，并强化了人类的智能控制意识。

人工神经网络模型涉及诸多神经元结合起来产生的模型，人工神经网络涵盖反馈网络，也可分为递归网络与前馈网络两个部分。其中，反馈网络是由诸多神经元结合后生成的产物，将神经元的输出及时地反馈到前一层或者同一层的神经元中，这时信号可实现正向传播与反向传播。由于前馈网络存在递阶分层结构，因此，同一层中各神经元不可以相互连接，由输入层进入输出层的信号以单向传播方式为主，将上层神经元和下层神经元进行了连接，同一层神经元相互之间不能连接。

人工神经网络存在很多类型，如 RBF 网络、BP 网络、ART 网络等。其中，RBF 神经网络现已在客户关系管理、住宅造价估算等领域得到了有效应用；BP 神经网络现已在战略财务管理、风险投资项目评价、固定资产投资预测、账单数据挖掘、纳税评估、物流需求预测等众多领域得到了有效应用；ART 神经网络现已在财务诊断、财务信息质量控制、危机报警等领域得到了高效的应用。

随着经济领域和管理领域对人工智能技术的广泛应用，越来越多的学者将研究重心放在了人工智能层面上，而财务管理中应用 BP 神经网络来预测财务状况取得了可喜的成果。因此，BP 神经网络成为现代人工智能应用研究的关键点，而成功的研究经验为财务管理的研究提供了重要依据。

综上可知，随着科学技术的快速发展，智能化的财务管理已成为必然，运用智能财务管理专家系统有助于提高财务管理水平及效率。今后的财务管理专家系统将逐步朝着智能化、人性化、即时化的方向快速迈进，可以想象，那个时候的智能财务管理专家将会全权负责繁复的财务管理工作，使财务管理人员不再面临庞大的工作量。出于对财务主体持续发展的考虑，在"以人为本"理念的基础上推行科学化财务管理工作，在保证财务主体良性循环发展的同时，为各利益相关者提供预期效益。

四、区块链技术与财务审计

（一）区块链的概念与特征

区块链就是一个基于网络的分布处理数据库。企业交易数据是分散存储于全球各地的，如何才能实现数据相互链接，这就需要以相互访问的信任作为基础。区块链通过基于物理的数据链路将分散在不同地方的数据联合起来，各区块数据相互调用其他区块数据，并不需要一个作为中心的数据处理系统，它们可以通过链路实现数据互联，削减现有信任成本，提高数据访问速率。区块链是互联网时代的一种分布式记账方式，其主要特征有以下几点：

1. 没有数据管理中心

区块链能将储存在全球范围内各个节点的数据通过数据链路互联，每个节点交易数据能遵循链路规则实现访问，该规则基于密码算法而不是管理中心发放访问信用，每笔交易数据由网络内用户互相审批，所以不需要一个第三方中介机构进行信任背书。对任一节点攻击，不能使其他链路受影响。而在传统的中心化网络中，对一个中心节点实行有效攻击即可破坏整个系统。

2. 无需中心认证

区块链通过链路规则，运用哈希算法，不需要传统权威机构的认证。每笔交易数据由网络内用户相互给予信用得到，随着网络节点数的增加，系统的受攻击可能性呈几何级数下降。在区块链网络中，参与人不需要对任何人信任，只需两者间相互信任，随着节点的增加，系统的安全性反而增加。

3. 无法确定重点攻击目标

由于区块链采取单向哈希算法，网络节点众多，又没中心，很难找到攻击靶子，不能入侵篡改区块链内的数据信息。一旦入侵篡改区块链内数据信息，该节点就被其他节点排斥，从而保证数据安全。

4. 无需第三方支付

区块链技术产生后，各交易对象之间交易后，进行更安全的货款直接支付，无需第三方支付就可实现交易，可以解决由第三方支付带来的双向支付成本，从而降低成本。

(二) 区块链对审计理论、实践的影响

1. 区块链技术对审计理论体系的影响

（1）审计证据变化

区块链技术的出现，使传统的审计证据发生改变。审计证据包括会计业务文档，如会计凭证。由于区块链技术的出现，企业间交易在网上进行，相互间的经济运行证据变成非纸质数据，审计对证据核对变成由两个区块间通过数据链路实现数据跟踪。

（2）审计程序发生变化

传统审计程序从确定审计目标开始，通过制订计划、执行审计到发表审计意见结束。计算机互联网审计要求采用白箱法和黑箱法对计算机程序进行审计，以检验其运行的可靠性，在执行审计阶段主要通过逆查法，通过区块链技术从报表数据跟踪到会计凭证，实现数据审计工作的客观性和准确性。

2. 区块链技术对审计实践的影响

（1）提高审计工作效率、降低审计成本

计算机审计比传统手工审计效率高。区块链技术为计算机审计的客观性、完整性、永久性和不可更改性提供保证，保证审计具体目标的实现。区块链技术产生后，人们利用互联网大数据实施审计工作，大大提高了审计效率，解决了传统审计证据不能及时证实、不能满足公众对审计证据真实、准确要求的问题，满足了治理层了解真实可靠的会计信息的需求，实现了对管理层有效监管的目的。在传统审计下，需要通过专门审计人员运用询问法对公司相关会计信息发询证函进

行函证，需要很长时间才能证实，审计时效性差。而计算机审计，尤其是区块链技术产生后，审计进入网络大数据时代，分布式数据技术能实现各区块间数据共享追踪，区块链技术保证这种共享的安全性，其安全维护成本低；由于区块链没有管理数据中心，具有不可逆性和时间邮戳功能，审计人员和治理层、政府、行业监管机构可以通过区块链及时追踪公司账本，从而保证审计结论的正确性；计算机自动汇总计算，也保证了审计工作的快速高效。

（2）改变审计重要性认定

审计重要性是审计学中的重要概念。传统审计工作需要在审计计划中确定审计重要性指标作为评价依据，审计人员通过对财务数据进行计算，确定各项财务指标，计算重要性比率和金额，通过手工审计发现会计业务中的错报，评价错报金额是否超过重要性金额，从而决定是否需要进一步审计。而在计算机审计条件下，审计工作可以实现以账项为基础的详细审计，很少需要以重要性判断为基础的分析性审计技术。

（3）内部控制的内容与方法也不同

传统审计更多采用以制度为基础的审计，更多运用概率统计技术进行抽样审计，从而解决审计效率与效益相矛盾的问题。区块链技术产生后，人们运用计算机进行审计工作，审计的效率与效果都提高了。虽然区块链技术提高了计算机审计的安全性，但计算机审计风险仍存在，传统内部控制在计算机审计下仍然有必要，但其内容发生了变化，人们更重视计算机及网络安全维护，重视计算机操作人员岗位职责及岗位分工的管理与监督。内部控制评估方法也更多在事后调查评估内部控制环境过程中运用视频监控设备进行实时监控。

（三）区块链技术对财务活动的影响

1. 对财务管理中价格和利率的影响

基于互联网的商品或劳务交易，其支付手段更多地表现为数字化、虚拟化，网上商品信息传播公开、透明、无边界与死角。传统商品经济条件下的信息不对称没有了，商品价格更透明了。财务管理中运用的价格、利率等分析因素不同于以前，边际贡献、成本习性也不同了。

2. 财务关系发生变化

财务关系就是企业资金运动过程中所表现的企业与企业经济关系，区块链运用现代分布数据库技术、现代密码学技术，将企业与企业以及企业内部各部门联系起来，通过大协作形成比以往更复杂的财务关系。企业之间的资金运动不再需要以货币为媒介，传统企业支付的是货币，而现代企业支付的是电子货币，财务关系表现为大数据之间的关系，也可以说是区块链关系。

3. 提高财务工作效率

（1）直接投资与融资更方便

传统财务中，筹资成本高，需中间人（如银行等）参与。区块链技术产生后，互联网金融得到了很大程度的发展。在互联网初期，网上支付主要通过银行这个第三方进行，区块链能够实现新形式的点对点融资，人们只需通过互联网下载一个区块链网络的客户端，就能实现交易结算、投资理财、企业资金融通等服务，并且使交易结算、投资、融资的时间从几天、几周变为几分、几秒，能及时反馈投资红利的记录与支付效率，使这些环节更加透明、安全。

（2）提高商务磋商的效率

传统商务磋商通过人员现场交流沟通，对商品交易价格、交易时间、交货方式等进行磋商，最后形成书面合同。而在互联网背景下，由于区块链技术保证网上沟通的真实性、安全性、有效性，通过网上实时视频磋商，通过网络传送合同，通过区块链技术验证合同的有效性，大大提高了财务业务的执行效率。

4. 对财务成本的影响

（1）减少交易环节，节省交易成本

由于区块链技术的运用，电子商务交易能实现点对点的交易结算，交易数据能同 ERP 财务软件协同工作，能实现电子商务交易数据和财务数据及时更新，资金转移支付不需通过银行等中介，解决双向付费问题，尤其在跨境贸易等业务中，少付许多佣金和手续费。

（2）降低了信息获取成本

互联网出现后，人们运用网络从事商务活动，开创商业新模式，商家通过网络就能很容易获得商品信息，通过区块链技术，在大量网络数据中，运用区块链跟踪网络节点，可以监控一个个独立的业务活动，找到投资商，完成企业重组计划，也可以通过区块链技术为企业资金找到出路，获得更多投资收益。可见，区块链降低了财务信息的获取成本。

(3) 降低信用维护成本

无数企业间财务数据在网络上运行，需要大量维护成本，如何减少协调成本和建立信任的成本成为一道难题。区块链技术建立不基于中心的信用追踪机制，使人们能通过区块链网络检查企业交易记录、声誉得分以及其他社会经济因素的可信性，交易方能够通过在线数据库查询企业的财务数据，来验证任意对手的身份，从而降低了信用维护成本。

(4) 降低财务工作的工序作业成本

企业财务核算与监督有许多工序，每一工序都要花费一定的成本。要做好企业财务工作，保证财务信息的真实性，必须运用区块链技术。区块链技术具有无中心性，能减少财务作业的工序数量，节省每一工序时间，在安全、透明的环境下保证各项财务工作优质高效完成，从总体上节约工序成本。

五、网络环境下的财务管理

(一) 网络环境下财务管理的优势

在财务管理中应用网络技术，一方面能够给财务管理提供更加精准的数据信息，同时便于数据的收集、整理和分析，不仅大大提高了财务管理的质量和效率，避免或降低财务风险，还可以给企业的管理层提供客观、可靠、科学的决策信息，准确判断企业经营的现状，确定企业以后的经营方向；另一方面打破了地域、空间的限制，有效地实现了资源共享，既能够实现企业部门间的信息互通，还能够实现跨区域数据共享，企业可以及时获取运营数据，对生产经营进行调整，实现财务与业务的协同管理模式，帮助企业在市场竞争中站稳脚跟，提高市场竞争力。

(二) 实施网络财务管理的有效策略

1. 网络财务管理的安全策略

①实行档案资料保密制度。财务人员在重要数据处理结束时，应及时清除存储器、联机磁带、磁盘程序，并及时销毁废弃的打印纸张。要定期查看财务档案的安全保存期限，并及时进行复制。②实行财务管理人员保密制度。网络财务管理人员要签订管理责任状，做出相应承诺，保证在职期间和离职后不违反规章制度、泄露财务机密。③实行技术监控制度。建立安全的网络财务系统是网络财务管理顺利进行的根本保证。对财务信息的输入、输出和网络系统的维护，都要严格遵守操作章程，杜绝安全事故发生。要利用加密技术，解决密钥分发的问题；采取防火墙技术，对外部访问实行分层认证；利用数字签名技术和访问限制技术，防止会计系统遭受非法操作或人为破坏。④实行法律保障制度。要吸收和借鉴国外成功经验，探索并制定网络财务管理制度和准则，规范网上交易行为。要对违反管理规定的不法分子进行有力打击，为网络财务管理营造安全的外部环境。

2. 网络财务管理的资料保管策略

①严格建立造册登记制度。财会人员每月记账完毕，应将本月所有记账凭证进行整理，检查有没有缺号、附件是否齐全；然后把每张凭证编上序号，加上封面和封底，按编号的先后顺序将凭证装订成册，贴上标签封存。财会人员要在装订成册的凭证封面上详细填写单位全称和会计凭证名称，同时加盖单位主要负责人和财务管理人员印章。②严格建立资料查询制度。对已经存档的会计资料，若本单位需要查阅，必须经过有关领导同意。查阅时做到不拆封原卷册，不将原始凭证借出。外单位未经过本单位主要领导批示，不能查阅原始凭证，不能复制原始凭证，更不得擅自将原始凭证带离现场。③严格建立保管和销毁制度。会计档案的保管和销毁，必须严格按照会计档案管理规章制度执行，任何人不得随意销毁财务档案。保管期满的财务档案，如果需要销毁，必须列出清单，按照规定经过批准后，才能销毁。④严格建立信息备份和系统升级制度。财务管理人员在日常工作中要严格建立信息备份制度，及时将财务信息存入U盘和磁盘中，便于日

后查询和系统恢复需要，以免造成损失。

3. 网络财务管理的审计取证策略

网络财务审计是传统审计的一大飞跃，要采取多种措施提升取证质量。一是要开发审计系统。要研制出能从被审计部门准确有效地获取各种数据信息的系统软件，建立信息库，录入被审部门的有关信息，便于核查取证时查阅，提高数据信息质量。二是要规范审计程序。审计人员审计前要根据工作要求，准备相关材料，避免审计时出现偏差。审计结束后要仔细整理相关材料，使审计取证工作走向有序化、规范化。三是要严守职业道德。审计人员要加强学习，严格约束自己的言行，公平对待每个被审计部门，实行依法审计。

4. 网络财务管理的技术人才策略

（1）加强培训力度，提高员工素质

优秀的复合型人才是实施网络财务管理的根本保证。第一，要具备良好的专业素质。拥有丰富的文化知识和财务知识，能熟练进行网络系统的操作和维护。第二，要具备良好的心理素质。要保持积极向上的精神状态，在成绩面前保持谦虚谨慎的态度，面对挫折和失败有较强的心理承受能力。第三，要具备良好的交际能力、应变能力、观察能力。善于与外界打交道，面对困难能冷静思考、认真分析、妥善处理。

（2）完善激励机制，激发工作潜能

激励人才需要以公平合理的绩效考核为根本，根据每个人的特长和爱好科学设置工作岗位，建立灵活的人才内部流通机制。激励既包括技能比试方面的，如网络知识答辩、计算机操作、会计业务信息化处理等；也包括物质和精神方面的，如加薪、提供住房、外出考察、授予荣誉称号、休假、参与决策等。要营造一个公平、公正、公开的竞争环境，形成你追我赶、不甘落后的良好氛围，激发财务管理人员的工作潜能和工作热情，从而更好地完成目标任务。

第二节　新经济时代财务与会计工作实践创新

一、财会工作概述

所谓财会，指的是财务与会计的并称。财务会计以货币为主要量度，是确认和计量企业已经发生的资金或资产交易，并最终以财务会计报表的形式呈现出来，定期向经济利益相关方提供企业会计信息的企业外部会计。财务会计需要为企业信息的使用者提供相应的会计信息，以帮助使用者进行决策。

财务会计有着较长的发展历史，从其诞生之日起，财务会计经历了商业经济时代、工业经济时代以及现代会计时代三个阶段。在每个阶段中，财务会计都有其不同的特点、时代背景以及发展状况。

第一，商业经济时代并不存在真正意义上的财务会计，这一时期的会计只是从事"簿记"的工作，随着社会的发展变革，对会计人员提出了更高的要求。

第二，到了工业经济时代，随着生产社会化程度的不断提高，社会以及市场对会计工作的要求越来越高，因此，出现了一系列的会计概念和一些基础的会计理论，会计工作对管理的研究也逐渐增多，从单纯的成本数据收集和计算逐渐转变为对成本的管理，一些地方也出现了管理会计与财务会计协同合作的现象。

第三，进入现代会计时代，会计工作逐渐规范化，不仅有相关法律的出台，还有配套的会计准则以及相关体系的构建，使财务会计的工作逐渐正规化和专业化。为了更好地适应现代企业的科学化管理，会计的工作流程逐渐标准化，且更易于操作，对财务会计的评价和考核体系也逐渐成熟。

二、新经济时代财务管理概述及实践创新路径

财务管理在企业管理工作中占有极其重要的地位，它是企业对资金的筹集以及有效且合理使用的一项重要管理工作。企业发展的总目标决定了企业财务管理目标的制定。企业财务管理目标要想顺利实现，就要先清楚影响企业财务管理目

标实现的各项因素。企业财务管理目标不仅受企业外部社会环境、市场环境以及生态环境等因素的影响，还受企业自身管理架构、管理决策、生产发展以及财务状况等因素的影响。随着新经济时代的到来，企业进行财务管理的外部以及内部环境都发生了很大变化，企业只有紧跟时代发展的步伐，不断革新和调整财务管理理念，发展新的工作思路，实践新的工作内容，招揽具有新思想、新理念的专业人才，才能在不断变化的环境以及激烈的市场竞争中谋求新的发展，占领市场先机。

随着企业生产发展的逐渐规模化，经营的逐渐集约化，管理逐渐专业化和精细化，企业自负盈亏和自主经营的观念不断增强，企业也逐渐将成本管理以及利润管理作为财务管理的工作重心。财务管理作为企业管理的核心关键点，必须要紧跟社会发展形势和经营理念的更新调整，打破传统模式的束缚，不断加强财务预算管理，及时进行成本核算工作，并配合落实财务监督管理，有效降低企业各项成本，最大限度地降低财务风险，并最终实现企业效益的最大化。

（一）新经济时代企业财务管理的目标

当今的企业处于新经济时代发展的大背景以及现代企业管理制度下，企业生产经营成功与否，更多地取决于企业的财务管理制度能否充分应用好和实施好。财务管理不但与企业资产获得的方式和效率以及资产使用的决策有着密切的关系，而且与企业的管理模式、生产经营模式、推广销售渠道以及客户服务理念有着直接的关系。财务管理作为企业管理工作中的一项重要工作内容，其总目标直接取决于企业发展的整体规划和未来发展方向，与此同时，财务管理自身所具有的特征也制约着财务管理目标的实现。由于企业自身具有营利的性质，其目标就要保证企业自身的生存，追求企业的长远发展，并在生存发展过程中持续不断地获得相应的收益。基于此，企业财务管理需要筹集企业发展的资金，合法、合理且有效地使用和配置资金，将盈余资金投放到相对稳定且具有相对可观收益的项目上。唯其如此，才能实现企业利润的最大化与税后利润的最大化。

（二）新经济时代企业财务管理的特征

企业管理的工作内容包括财务管理、生产管理、技术管理、设备管理、人力资源管理以及销售管理等。企业的管理工作之间需要密切协调与配合，从表面上看，它们彼此之间有着科学严谨的分工，有着各自不同的管理特点，而在实际管理中，各个管理部门的工作内容又相互交叉。其中，财务管理工作是其他各项管理工作的核心，具有以下三方面特征。

1. 财务管理是一项综合性管理工作

财务管理主要通过价值的衡量标准对企业的生产经营活动进行管理和评价。通过价值的尺度，企业财务人员可以将企业生产经营活动中的一切物质条件、生产经营过程以及产出成果的数据进行合理的规划、使用和管理，从而不断提高企业效益，增加企业财富。财务管理工作的落实和执行需要企业中各个部门的配合和协作，各个部门需要提供本部门真实的工作数据，甚至需要配备相应的与财务部门对接的人员，以便于随时沟通与反馈。企业领导层也应当给予财务部门相应的权力，帮助财务人员做好统筹协调工作，将财务工作制度化。

2. 财务管理与企业各方面具有广泛联系

在企业的生产经营过程中，一切涉及资金的工作都与财务管理相关联。在企业实际经营的过程中，各个部门之间都或多或少地涉及资金的使用、运转、收入与支出的分配等事宜，不涉及资金往来的工作通常很少。可以说，财务管理或资金往来在企业内部或员工个人身上随时都有可能发生。企业内部每个部门或每个人都会通过资金的申请和使用与财务部门发生联系。企业中的每个部门都要接受财务部门的约束、监督和指导，让资金的使用更加合理，充分利用每一项资金，记录好每一项资金的收入和使用情况，使企业获得更高的经济效益。

3. 财务指标能真实反映企业生产经营状况

在企业的生产管理中，企业的财务指标可以清晰、充分且快速地反映出企业的生产经营是否合理，技术装备是否先进，生产销售是否顺畅，企业决策是否正确等信息。如果企业的生产经营发展得顺利，产品质量上乘，生产技术及工艺先进，产品的市场认可度较高，那么，企业的流动资金就会充足，盈利能力也就较强，这些数据会快速地反映在企业的财务指标中。从中可以看出，财务管理工作虽然有着自身的独立性，但也受企业各项管理工作的制约，企业各个部门对财务管理工作会产生相应的影响。财务部门应当在做好自己本职工作的同时，将有关财务指标的变化及时地反映给企业的领导层，这样，企业在宏观层面才能对整个企业的走向有清晰的认识，并能及时地进行调整。财务管理部门可以将企业各个部门的工作都纳入提高企业经济效益的范畴，真正实现财务管理的目标。

（三）新经济时代企业财务管理有待改善之处

在新经济时代背景下，社会发展的需求发生了变化，市场需求进行调整，产品或服务更新换代的速度不断加快，新的技术不断涌现，因此，企业的财务管理也面临着诸多挑战，其中有许多急需解决的问题。

第一，许多企业一直沿用传统的经营理念，在企业经营过程中只是单纯地追求产品销量以及市场占有率，从而忽视了财务管理的重要性，导致企业局限在以生产经营和销售经营为主的管理格局中。许多企业还沿用传统的粗放式管理和粗放式经营，没有进行精细化管理，更谈不上管理上的精益求精。当今市场和行业间的竞争愈加激烈，资源以及资金的充分利用已经成为企业生存发展的关键，如果不能有效地管理资金，企业就可能不知不觉地被市场淘汰。现代企业管理模式要求企业在财务管理上要精益求精，精打细算，但这并不是"艰苦朴素"的意思，而是要将有限的资金用到最需要的地方。

第二，有些企业的成本核算缺乏真实性。企业内部有些人员甚至会为了某种目的而人为地修改财务数据，这就导致成本核算失去原有的真实性，形成了企业实亏虚盈的假象。由于企业的规模有限，人员构成简单，家族式管理较为普遍，有些企业内部人员为了自身私利，会对财务数据进行修改，而不会过多地考虑企业的长远发展。如此一来，缺乏真实性的成本核算比没有成本核算对企业的影响更为严重。这可能会直接影响企业未来的生产发展战略的制定，表面的虚假营利可能会将企业引入歧途。

第三，在企业的实际生产经营活动中，有的中小企业没有专业且详细的账本，有的企业即使设有账本，也是由企业内部亲属所掌管，会计与出纳通常由同一人来担任，财务管理杂乱无章，随意性很强。录用家族人员或是家族式的管理会让企业的内部管理无法顺利开展，一些管理制度或企业政策无法真正落实到位，这些人员可能会超出企业的管理权限。会计与出纳由同一人来担任，会让企业的资金管理出现巨大漏洞。若是相关人员的个人素养和责任心缺失，则会给企业带来很大的资金流失风险。同时，这样的人员安排也违反了相应的监督审查机制。

第四，一些企业内部人员专业素质参差不齐，相应的财务管理制度也不健全，财务管理的专业人才缺失或是基本没有，因此，企业真正的财务管理工作无法开展。这主要取决于企业领导层的整体素质水平。若企业领导层普遍素质水平较低，通常就不会重视企业人员录用的素质，进而财务管理相关人员的专业素质也不会很高，企业所招的财务人员也只能从事一些简单且表面性的工作。这样的人员至多可以进行简单的数据采集、统计和记录的工作，而数据的真实性与合理性则得不到保障；至于财务管理中更为复杂的数据分析、财务管理目标的制定、财务监督的实施等工作，财务人员则很难从事。因此，现代企业管理制度中的财务管理工作在这样的企业中难以顺利开展。

第五，企业财务管理的信息化水平较低。业务数据、财务数据以及税务数据之间相互脱节，不能有效地进行集中核算和综合处理。由于没有信息化的支持，因此，企业内部各部门之间的财务数据难以实现共享。由于缺少专业的财务管理人员，因此，财务管理的工作内容无法实现流程化和制度化，也就无法进行大量的财务数据统计分析。由于没有精细的财务数据控制，因此，企业的库存也无法实现有效管理。

（四）新经济时代深化企业财务管理内容的途径

1. 完善资金管理体系，确保劳动资金顺利流转

企业内部应当建立一套完整的资金管理制度，以实现资金的统一管理和集中调度，将企业所有资金支出的审批权集中到财务部门。财务管理部门应当根据企业的经营规模，设置两级不同的资金使用权限，严格且精细地执行收入和支出两条线的资金管理方式。企业各部门产生的销售收入要及时且全额进行清缴，各部门所需的费用应当由财务部门审核并进行拨付。有长远发展规划的企业，还需要进一步落实资金使用的三级权限管理制度，财务部门要及时回收资金，及时并全

面地掌握企业整体的资金使用情况，实现资金的统一分配调度，以减少资金的呆滞，最大限度地减少坏账及呆账情况的发生。在企业内部建立起相应的规章制度，规范财务管理的工作流程以及各部门资金使用及申请流程，保证企业内部资金的使用规范和清晰，责任清楚。此外，还要对各部门进行定期财务考核，制定合理的财务奖惩制度，保证企业各部门之间紧密的配合关系，清除企业内部资金运转的制度、沟通以及人员障碍。

2. 优化财务结构，降低融资成本

要保证企业资金的流动比率不能低于1，这既可作为衡量一家企业财务风险的红线，也是信用评级机构对企业进行信用评级时的重要指标。这一标准也是企业进行良性发展时正常的资金状况，在这个标准下，企业可以正常维持生产经营的资金运转。为达到这个标准，企业不但要取得更加良好的业绩，而且要制定稳定且可持续的企业发展政策以及稳健的财务管理和会计政策。

3. 全面评估，追踪管理，确保投资效益

企业在进行投资活动前，需要对所投资的项目进行详细和全面的考查和论证，财务部门在投资前期需要做大量调研工作，最大限度地收集相关投资项目的数据，不管是历史数据，还是实时数据。此外，企业在选择投资项目时，也要尽可能地结合企业发展方向，可以和企业从事的生产经营活动相衔接。这样选择的好处是，企业不但可以从所投资的项目中获得相应的投资回报，而且企业所投资的项目可能会助力企业在自身业务范围内产生新的思路、新的产品或服务，甚至帮助企业开创新的市场。而企业也可以选择与自身业务不相关的领域，这样选择的好处是，降低了同行业或是相关行业因市场波动或社会大环境的变动而带来的不确定性风险。在投资项目运行过程中以及项目完成后，企业财务部门应当随时对其进行管理、监督、考核以及评价，在这些过程中，要做到尽可能精细，以确保所投资金的保值与增值，保证企业投资资金的回报最大。

（五）新经济时代企业财务管理的创新路径

1. 强化企业财务管理，健全财务管理机构

在新经济背景下，市场以及行业间的竞争愈加激烈。企业要谋求生存和发

展，就要重视企业的财务管理，逐渐健全企业的财务管理机构。企业的领导者要不断地深化对财务管理的理解和认识。企业的领导者不但要善于生产和经营，而且要善于管理，对相关的财务及会计常识和法规有一定的认识。企业管理的根本在于财务管理、会计管理以及对会计信息的处理，企业生产经营过程中，资金的运转和使用以及现金的流动都需要通过财务管理来实现。在企业财务管理实践工作中，除了企业领导的重视外，还需要企业各部门的通力配合，并且要不断完善和健全财务管理的组织架构。根据企业所属的行业特点来设置相应的财务核算机构，同时，为了保证财务管理人员的专业性，还要求财务管理人员具有相应的从业资质。只有这样，才能保证企业在正确的财务管理道路上不断发展。

2. 加大培训考核力度，提高财务人员素质

通过会计核算的方法，进行企业的经营管理工作，对企业经济活动的合法性、合理性以及有效性进行核算和监督，为企业领导层提供真实有效的投资与决策数据，降低企业生产经营风险是企业财务管理人员的重要职责。因此，企业财务管理人员应当做到以下三方面。

其一，要熟练并充分运用会计政策以及财务管理方法对企业自身的生产经营活动进行如实记录、计算、预测、数据分析以及控制评价，使企业的资金处于最佳运行状态，资金得到充分利用，并产生最大的收益。

其二，要熟悉并掌握与财务相关的经济管理知识以及现代经济管理的方法，如量本利分析法、目标管理法以及审计学等。

其三，组织企业财务管理人员参加财务管理以及企业管理培训，满足培训要求的财务管理人员可以上岗从事财务实践工作。通过提高财务人员的专业水平以及财务管理能力，提高企业整体的财务管理能力，以进一步降低企业的财务管理风险。

3. 推进财务管理信息化建设，提高精细化管理技术水平

随着现代信息技术的发展，企业可以实现财务管理的高效、统一和集中化管理。企业积极进行财务管理以及企业管理信息化建设，不但企业自身的资金管理可以实现高度的统一集中，而且可以加强企业自身的管理，将企业自身的改革创新引向深层次，从而建立现代企业的管理制度。另外，企业的信息化建设也有助

于提高企业自身的财务管理水平,提高企业资金的利用率,降低资金使用风险,增强企业的核心竞争力,这对企业的长远发展具有重要的战略意义。对于达到一定规模的企业来说,还可以提升其参与国际竞争的实力。

企业通过提高精细化管理水平,可以帮助其财务管理人员减轻日常会计核算的复杂性,这可以为相关人员腾出更多的时间和精力,进行更为复杂的财务分析工作,从而做好财务预算管理以及成本管理工作。通过精细化的管理理念,企业可以对资金的使用以及成本的管理控制在理想的水平上,这既使企业自身的管理步入正规化和制度化,也提升了企业在市场中的竞争力。

企业生产经营活动有了信息化的参与,再加上精细化管理的应用,企业从原材料的采购到最终产品或服务的成功销售,甚至到售后服务阶段,都可以实现全产业链条的实时监控。同时,企业还应不断学习和掌握先进的管理理念和管理方法,使自身资金流、信息流、工作流以及物流等实现高度统一和系统集成。

4. 资产结构的优化创新

在这里,需要引用一个概念——知识资产。所谓知识资产,是指在知识经济时代背景下,在企业的生存和发展过程中产生的显性知识和隐性知识价值的总和。知识资产并没有具体的实体形态,它需要通过一定的载体才能得以展现,并在一定的阶段内可以为企业带来经济收益。

知识资产可以大致分为有形知识资产和无形知识资产,有形知识资产如专利授予的合同协议以及工业品或产品外观设计;无形知识资产如产品品牌、企业的商业机密、企业管理机制和企业中的群体技能等。

常见的知识资产有如下四种类型。

一是市场资产,其指的是企业自身具有的与市场相关联的无形资产,其中包括产品的品牌、长期的客户资源、客户的信任度、产品的销售渠道、专利授予的合同协议等。

二是知识产权资产,它是知识产权的汇总集合,其中包括版权作品、企业或产品商标、产品专利、工业品或产品的外观设计、企业的商业秘密等。知识产权资产不仅可以提升企业产品或服务的价值,还是企业利润提升的关键因素。从更广泛的经济意义上来说,知识产权资产也是人力资本的组成部分。

三是人力资产，其指的是企业的管理机制、企业的领导能力、处理问题能力、创造力、企业中的群体技能等隐性能力。

四是基础结构资产，其指的是企业自身运转的技术、工作方式以及工作程序。

在新经济时代中，知识资产在企业经营过程中的作用日益凸显，而企业的传统资产结构的局限性表现得也更加明显。因此，企业要想紧跟时代潮流，顺应社会发展，就必须遵照知识经济的要求来优化资产结构，为此企业要做到以下三点。

一是明确知识资产与传统金融资产之间的比例关系。在过去，企业传统的管理理念是把金融资产等显性资产作为企业的主要资产，并对其进行成本核算、资产统计以及资产管理；而在当下的知识经济体系中，知识资产发挥着越来越重要的作用。企业应当在维持既有的传统金融资产管理的前提下，将更多的精力放在知识资产的经营和管理上，并将财务管理的重心转移到对知识资产的统计、核算、分析以及评价上，以此来提高企业的核心竞争力。

二是明确知识资产证券化的种类和期限结构、非证券化知识资产的债务形式和权益形式，以及知识资产中人力资本的产权形式等。知识资产的证券化是指以企业知识资产未来所产生的现金收益为偿付手段，通过资本结构化的设计进行资产的信用增级，并以此为基础，发行知识资产支持证券的整个过程。企业可以通过知识资产的证券化来进行融资，把自身的知识资产进行即时变现，并将证券化获得的资金用于企业的持续发展，以进一步提高企业的综合实力。明确知识资产证券化的种类和期限结构有助于企业进一步掌握自身的资金状况，以便合理地使用和调配资金，发挥资金的最大效能。

三是明确传统金融资产内部之间的比例关系、层次和形式。

5. 加强企业成本费用管理

企业的成本费用计算通常按月进行。企业可以根据自身生产经营需要、生产管理的组织架构以及成本管理的要求，制定符合自身成本的计算方法。成本计算方法经过确认后，就不能轻易改变。企业应当严控企业各项成本费用的支出标准和支出范围，有效利用每一笔资金，合理分配企业各项成本和费用的使用，通过成本核算的方法降低成本。企业先要做好成本以及费用核算的基础工作，真实全面地记录原始数据，明确成本的责任划分，将资金的计量验收以及资金的收发凭证落实到制度上，实时监测产品动态和产品收发的变动情况，避免原材料的积压、毁损和短缺现象。企业应当定期进行成本数据分析，挖掘成本管理潜力，以降低资源与资金消耗。

6. 加强资产管理的内部会计控制

实物资产内部管理的主要工作包括实物资产的验收入库、使用发出、保管和处置。首先，企业应当对实物资产的管理建立严格精细的授权审批制度，制度应当明确审批人对企业实物资产管理的授权审批程序、权限、方式以及相关控制措施，规定经手人办理实物资产管理的工作要求以及职责要求。其次，企业的财务部门应当对所有实物资产的购置进行及时的入账管理，应当建立企业资产台账，对于固定资产和易耗损资产应当采用永续盘存的方式，随时反映资产的存储入库和收发情况，定期盘点实物资产，并与账面数据进行比较，检验是否出现短缺或者遗漏情况，同时查清其原因。再次，建立固定资产的维修管理制度，对于维修资金的申请和使用、维修工作流程的审批控制进行管理。最后，要建立一套完整的固定资产处置管理制度，对企业资产报废的审批、固定资产的评估以及会计账目管理等进行控制和管理。

7. 规范企业的预算编制工作

预算编制工作的进展直接影响企业各方面工作的开展，它是影响企业生产经营活动的重要因素，因此，要高度重视预算编制工作。首先，企业财务部门应当加强预算编制的事前调查、数据收集和取证，预算编制的数据基础必须具备真实性和有效性。其次，企业预算一旦编制完成，就不能随意进行更改或者调整，即使有必要进行调整或修改，也应当具有确凿的依据并且根据科学的程序设计进行。要加强预算对资产管理的权威性和约束性，增强各部门严格执行资产预算的意识。再次，要严格执行奖惩制度，凡有违法违规行为，必须按法规及制度规范进行严惩。预算编制的过程要秉持公平公正的中立立场，不能受人为因素的影响，始终保持客观严谨性。最后，预算项目要尽可能详细、充分、全面地进行记录，以求能够真实地反映企业各个部门的绩效水平；同时，真实且全面的预算数据也可以指导各个部门工作的顺利开展。

三、会计管理体制概述及实践创新路径

(一) 会计管理体制的内涵

1. 会计管理体制的含义

所谓会计管理体制，是指一个国家或地区在一定的时期内，根据自己所处的社会环境和经济发展状况，参与经济活动，对各项会计活动进行干预、控制、管理时做出的一系列机制和制度上的安排，并据此制定一系列的会计标准规范。其中有两点需要重点关注：一是会计管理体制是一个国家或地区根据自身所处的社会发展背景和发展情况来制定的，每个国家或地区所使用的会计管理体制都不尽相同，都带有自身国家或地域特点；二是会计管理体制所要解决的主要问题是如何干预、控制、管理和指导会计工作，它是一切会计工作开展和落实的依据。

2. 会计管理体制的内容

(1) 会计工作的从属关系

企业的会计工作均由财政部门管理，并在各级财政部门之间实行"统一领导、分级管理"的原则。企业的会计工作都由国家宏观调控和相关政策引导，并按照各地会计管理的相关准则开展工作。企业的会计工作既要顺应国家发展战略，又要满足地方经济发展的需要。除此之外，还要根据企业自身情况和长远发展规划来进一步落实。

(2) 设置相应的会计机构

设置相应的会计机构，也就是所谓的会计制度的制定权限。企业会计工作的开展要在相应的会计机构中实施，设置专业的会计机构，也就赋予了会计机构相应的制定会计制度的权限。在允许的范围内，会计机构可以进行自主管理，对企业进行有效的会计核算，合理的会计监督，制定符合企业发展的各项会计政策以及会计制度，并参与企业各项计划的制订以及考核计划的落实情况。而不具备设置会计机构资质的企业，可以将企业的会计工作委托第三方会计中介机构进行代理记账。

(3) 会计人员管理制度

对于会计人员的管理是会计工作的一项重要内容，管理缺失或不到位，再出色的人才也很难发挥出应有的能力。会计人员管理制度要规范会计从业人员的职业道德，保证其依照国家相关的法律法规从业工作。企业会计人员应当具备从事会计工作所需的业务技能和理论知识，可以独立处理基本以及复杂的会计事务。

(4) 会计人员职责

会计人员的职责主要包括编制并严格执行财务预算和计划，遵守各项收入制度、费用开支的范围和标准，梳理资金的来源，合理且充分地使用资金，最终完成财务制定的目标。企业应当不断加强资产和现金的管理，及时做好结算工作，定期对阶段性的会计数据进行分析处理，并与企业的发展规划相比对，判断是否满足企业未来的发展规划以及企业的生产经营活动是否处在正确的发展道路上。在新经济时代背景下，会计人员不仅要对企业的有形资产和资金进行统计和核算，还应当注重企业无形的知识资产的核算和管理，甚至可以对能够产生价值的一切有形或无形的事物或人力进行核算以及管理。

(5) 会计运行机制

会计运行机制是将会计工作中各项要素进行联结和有机结合，并在各要素之间自由地进行调节，各要素之间存在着很强的依存度。会计运行机制也可视为国家宏观政策与企业微观效益之间的联结器。在会计工作的实践中，会计运行机制可以使企业实现自主管理。

企业的资金能力，使企业成为一个独立的自负盈亏的经济实体。同时，可以把会计运行机制看作编制好的"代码程序"，在人为编制好之后，程序运行过程中，就不需要人为再进行干预。经过充分论证和完善的会计运行机制可以降低企业的人力成本和管理成本，从另一个角度来看，这也是在提高企业的生产经营效益。

3. 会计管理体制的特点及作用

会计管理体制的主要特点是动态性，其可以随着社会经济发展以及企业的长远规划和市场需求，而进行相应的调整和完善。也正是因为其具有的动态性，所以也就有了独特的自身特点，几乎没有两个完全相同的会计管理体制。

不同的环境会形成与之相适应的会计管理体制，环境发生变化，会计管理体制也随之发生应有的调整。这种动态性可以有效地适应当今社会不断变化的经济发展趋势，而能否快速地适应环境的变化，则要看各个企业自身的经营管理能力和状况。

会计管理体制可以使企业内部管理机制更为明晰，健全和完善企业内部的监督管理机制，提高会计人员的综合素质，从而使企业的会计信息更为真实有效。完善的会计管理体制可以使会计人员的工作变得轻松便捷，会计工作标准更加明确。由于有了科学的方法和流程，会计工作更加专业化，在提高效率的同时，提升了会计工作的精准性。

（二）会计管理模式实践创新路径

1. 会计委派制

会计委派制是国家以企业所有者的身份对企业行使管理职能，对国有企业或是事业单位的会计人员统一进行委派的一种会计管理体制。在这种管理体制下，各级政府设立相应的会计管理的专业机构，负责国有大中型企业（包含事业单位）会计人员的日常管理、任免、委派和调遣；会计人员可以从企业的日常管理中独立出来，作为政府的代表，对企业的生产经营活动进行系统、完整、综合以及真实的数据反映，以实施管理和监督；企业的领导层拥有企业完全的财产处置和管理权，对企业生产经营过程中的所有收入和支出的经济性、合理性、合法性以及效果性负有全部的受托责任。

会计委派制从编制上实现了会计的独立性，保证了会计信息的真实性与客观性，以此为基础，也就可以有效地避免国有资产的流失。

除此之外，其他企业也可以效仿这种会计委派制，由独立的第三方会计机构来对企业进行会计信息的管理。当然，这需要政府制定相应的会计工作法规，代表一种强制性，以这些条件为前提，会计工作在企业之中的独立性才能有所体现，才能客观地反映企业相关的会计数据，进行之后的一系列工作。

2. 财务总监制

财务总监制是国家以企业所有者的身份凭借其对国有企业或事业单位的绝对

控股（或控制）地位，而向国有大中型企业直接派遣财务总监的一种会计管理体制。这种会计管理体制的创新，可以在新经济时代解决转型期会计工作无序化的问题。

首先，财务总监制行使管理和监督的权力，可以更好地利用其产权优势，发挥所有者的权力，行使监督管理的职责。通过财务总监的委派，国家对于企业生产经营的管理和监督可以更好地落实到位，解决企业内部自行管理不规范和财务监督不足的问题，在经济转型时期，有助于企业顺利地过渡，也更能体现和深化国家对于国有企业的所有权和经营权分离。站在企业的角度讲，通过此项制度，企业能够有效地借助外在监管来约束自身的经营发展行为，走向良性经营之道。

其次，财务总监制的会计管理体制既借鉴和吸收了总会计师和内部审计中的部分财务监督和管理职能，又弥补了总会计师在企业中管理和监督不到位的问题；不但避免了企业进行内部审计时出现的各种无效的审计工作，而且避免了企业监事会在监督管理上出现的滞后性，更避免了企业在财务管理上的收支无序的情况。

最后，相较于会计委派制来说，财务总监制在体制上的创新符合精简政府机构的原则，使制度在运作上可以减少成本开支，提高企业的经营效益。

而其他非国有企事业单位同样可以借鉴这一创新制度，通过第三方委派的财务总监，对企业财务上的相关事项进行独立的监管，保证企业财务数据的真实性和客观性，让企业更理性地根据自身的生产发展情况来制定相应的长远战略，帮助企业自身持续且良性经营，以应对日趋激烈的市场竞争。当然，这需要国家投入一定的资金以及人力支持，并进行相应的制度化建设，还要考虑企业自身发展的自主性，不能影响企业在产品和技术等方面的创新性。在财务总监制与企业发展的主动性之间寻求平衡点，既可以帮助企业规避传统会计管理存在的风险，也不能打击企业发展的积极性。

3. 稽查特派员制

稽查特派员制也可以称为总会计师制度下的稽查特派员制。在这种体制下，国家有关部门可以帮助国有大中型企业总会计师更好地构建组织架构以及落实职能，更好地开展总会计师的任免、管理、考核、培训以及赏罚等工作。此外，通过稽查特派员的派遣，国家可以对国有大中型企业更好地实行监督管理，推动企业的有序发展，更好地利用国家、社会以及企业资源。稽查特派员制的实施，对于国有大中型企业来说，可以帮助其更好地选择企业经营者，并形成一套有效的约束与激励机制。

其他非国有企业可以借鉴稽查特派员制度，由第三方公司或政府派驻到企业的稽查特派员，对企业会计管理工作进行定期的稽查和监督，以帮助企业更好地从事生产和经营活动。

参考文献

[1] 龙敏,黄叙.财务管理[M].成都:四川大学出版社,2022.

[2] 李宝琰.财务管理与内部控制[M].北京:经济日报出版社,2022.

[3] 尹燕婷,范玲.企业会计监管与财务管理[M].延吉:延边大学出版社,2022.

[4] 王迁邵,晋保红.财务管理与会计实践探索[M].长春:吉林人民出版社,2022.

[5] 赵颖,郑望,白云霞.现代会计与财务管理的多维探索[M].长春:吉林人民出版社,2022.

[6] 王燕会,狄雅婵.互联网环境下的企业财务管理研究[M].长春:吉林人民出版社,2022.

[7] 吴国强.财务管理与金融会计理论运用[M].长春:吉林出版集团股份有限公司,2022.

[8] 王利萍,吉国梁,陈宁.数字化财务管理与企业运营[M].长春:吉林人民出版社,2022.

[9] 寇改红,于新茹.现代企业财务管理与创新发展研究[M].长春:吉林人民出版社,2022.

[10] 陈素兰.基于互联网+的财务管理创新研究[M].长春:吉林人民出版社,2022.

[11] 周彩节,洪小萍.财务管理[M].北京:北京理工大学出版社,2023.

[12] 许东,张颖,李爱武.财务管理与风险控制[M].哈尔滨:东北林业大学出版社,2023.

[13] 赵刚太,赵学哲,王泽泳.财务管理与创新研究[M].北京:中国纺织出版社,2023.

[14] 刘国洁,万相宜,高文双.现代财务管理的转型研究[M].长春:吉林人民出版社,2023.

[15] 吴海祺,杨绪梅,蔡燕.财务管理与会计信息化创新研究[M].长春:吉林人民出版社,2023.

[16] 谢春林著.数字化时代企业财务管理探究[M].长春:吉林文史出版社,2023.

[17]安玉琴,孙秀杰,宋丽萍.财务管理模式与会计审计工作实践[M].北京:中国纺织出版社,2023.

[18]徐静.大数据财务管理的理念与模式研究[M].哈尔滨:哈尔滨出版社,2023.

[19]关兴鹏,李娜,周晶石.新经济时代财务管理与创新发展[M].北京:中国商务出版社,2023.

[20]李永梅,李辉,齐春霞.财务管理与内部控制优化研究[M].哈尔滨:哈尔滨出版社,2023.

[21]杨桂洁,李沛泽.财务管理[M].北京:人民邮电出版社,2024.

[22]姚文韵,陈榕.财务管理[M].北京:高等教育出版社,2024.

[23]谭亚娟,杨秀琼,廖丽.财务管理实务[M].上海:立信会计出版社,2024.

[24]袁建国,周丽媛.财务管理第8版[M].沈阳:东北财经大学出版社,2024.

[25]万龙,陈玮,孙佳宁.财务管理创新与实践[M].太原:三晋出版社,2024.

[26]姜彤彤,吴修国,徐金丽.财务管理实用教程第3版[M].北京:清华大学出版社,2024.

[27]杨晶.新编财务管理原理与实践[M].上海:上海交通大学出版社,2024.

[28]袁东霞.财务管理及其分析实践探索[M].长春:吉林出版集团股份有限公司,2024.

[29]王志娟,蒋文兵.数字化时代财务管理创新研究[M].长春:吉林出版集团股份有限公司,2024.

[30]张亚妹.企业财务管理与会计实践研究[M].延吉:延边大学出版社,2024.